Heike Roland • Stephanie Thomas

Dekoträume
Die liebevollsten Nähideen

Inhaltsverzeichnis

4 Vorwort

Frühling

8 Dicke Freunde

11 Gegacker bei Tisch

14 Kaktus

16 Sonne

18 Blumentasche

20 Kannenschaf

23 Brotkorb mit Hühnern

26 Osteranhänger

Sommer

30 Herzenssachen

33 Sommerpüppchen

36 Muffins

38 Rosige Zeiten

40 Rosengirlande

42 Hübsche Regal-Borte

45 Herziger Tischläufer

48 Vogelhäuschen

Herbst

52 Kürbisse

54 Blättergirlande

55 Gartenzwerg & Pilze

58 Schnurrekatze

62 Schön und praktisch

64 Kuscheldecke

68 Herbstpüppchen

70 Bequeme Hausschuhe

Winter

74 Kissen
76 Zwei Engel
80 Tischset Schneemann
83 Winterschaf Herr Bock
86 Siggi, die Schlafmütze
88 Dicker Schneemann
90 Winterliche Deko

Weihnachten

94 Adventskranz
96 Lustige Wichtelköpfe
99 Noël
102 Weihnachtsanhänger
104 Stiefel mit Engel
107 Adventskalender
110 Weihnachtselch
113 Bärtige Gesellen
116 Windlicht
118 Pfefferkuchenmann

120 Vorlagen
132 So wird's gemacht
140 Stoffübersicht
143 Buchempfehlungen
144 Impressum

| 3

Vorwort

Das eigene Zuhause mit selbstgenähten Kleinigkeiten verschönern und dabei auch noch für jede Jahreszeit die passende Dekoration haben? Wenn das schon immer Ihr Traum war, dann haben Sie jetzt das ideale Buch gefunden. Ausgefallene, liebevolle und gewitzte Deko-Projekte für Ihr Zuhause und einfach unwiderstehliche Geschenke, ganz im Lauf der Jahreszeiten finden Sie hier.

Der Frühling flattert und hoppelt mit frechen Hühnern und jungen Hasen ins Haus; der Sommer zeigt sich danach von seiner rosigen Seite und begeistert mit süßen Muffins, die garantiert nicht dick machen. Im Herbst schmücken kalorienarme Kürbisse und ungiftige Fliegenpilze den reich gedeckten Deko-Tisch und im Winter tummeln sich Schneemann, Winterschaf und Engel in Ihrem Wohnzimmer. Für die schönste Zeit im Jahr haben wir ein eigenes Kapitel nur mit Weihnachtsideen zusammengestellt, in dem Sie nach Herzenslust stöbern und herrliche Advents- und Weihnachts-Deko entdecken können. Hier findet sich alles vom Adventskranz über lustige Wichtel bis hin zu Pfefferkuchenmann und Christbaum-Anhängern. Mit diesen Nähideen wird es bestimmt ein frohes Fest!

Die einfachen Schnitte, die Schritt-für-Schritt-Anleitungen und vielen Tipps machen das Nacharbeiten ganz einfach, sodass auch Näh-Neulinge sich schnell zurechtfinden. Viel Freude beim Nähen und Dekorieren!

Frühling

Wenn die Tage endlich wieder länger werden und die ersten Sonnenstrahlen für gute Laune sorgen, blüht mit Veilchen und Flieder auch die Lust auf Inspiration und Kreativität wieder auf. Damit der Frühling auch bei Ihnen zu Hause einzieht, könnten Ihre neuen Mitbewohner ein gackerndes Hühnerpaar beim Frühstück sein – natürlich selbstgenäht, genauso wie der Brötchenkorb. Falls Sie keinen grünen Daumen für den blühenden Garten haben oder sich die Hände nicht mit Erde schmutzig machen möchten, empfehlen wir immergrünen Kaktus...

So kann der Frühling kommen!

Dicke Freunde
Frühlingsgesellen Friedo und Friederike

GRÖSSE
Ente ca. 37 cm

MATERIAL ENTE
- Baumwollstoff in Natur, 25 cm
- Baumwollstoff in Gelb, 20 cm
- Baumwollstoff in Natur mit Herzen, Rest
- 2 Herzknöpfe in Pink, ø 8 mm
- 4 Puppenhaare in Natur, je 6 cm
- Stickgarn in Schwarz
- Füllwatte
- Granulat

SCHNITTMUSTER
Bogen B (dunkelgrün)

Ente Friederike

1 Alle Teile gemäß Schnittmuster zuschneiden.

2 Die Schnabelteile r-a-r zusammennähen. Dabei die Wendeöffnung offen lassen. Den Schnabel wenden und leicht stopfen. Die Öffnung innerhalb der Ntzg zusteppen, damit nichts verrutschen kann. Das obere und untere Kopfteil des VT r-a-r legen und den Schnabel dazwischen schieben. Die beiden Kopfteile an der Schnabellinie zusammennähen und dabei den Schnabel mitfassen.

3 Je 2 Flügel- und 2 Beinteile r-a-r zusammennähen und durch die Wendeöffnung wenden. Leicht mit Granulat und Füllwatte stopfen. Die beiden Körperteile r-a-r bis auf die Wendeöffnung zusammennähen. Dabei die Flügel und Beine laut Markierungen mitfassen. Darauf achten, dass alle Teile dabei zwischen den beiden Körperteilen liegen müssen (siehe S. 136).

4 Die Ente wenden und den Körper ausstopfen. Zum Schluss im Sitzbereich Granulat verwenden, damit die Ente schwer genug ist und nicht kippen kann. Die Wendeöffnung mit Matratzenstich schließen.

5 Die Augen aufsticken. Die Puppenhaare am Kopf mit ein paar Stichen befestigen. Die Herzknöpfe als Nasenlöcher annähen. Das Halstuch an der Stoffbruchlinie r-a-r falten und bis auf die Wendeöffnung zusammennähen.

6 Das Halstuch wenden und rundum knappkantig absteppen. Dabei die Wendeöffnung schließen. Das Halstuch umbinden.

GRÖSSE
Hase ca. 35 cm

MATERIAL HASE
- Sternzwirn in Schwarz
- Baumwollstoff in Braun, 25 cm
- Baumwollstoff in Rosa-Natur geringelt, 10 cm
- Pompon in Weiß, ø 1 cm
- Blumenknopf in Rosa, ø 18 mm
- Sekundenkleber
- Stickgarn in Schwarz
- Füllwatte
- Granulat

SCHNITTMUSTER
Bogen B (weinrot)

Hase Friedo

1 Alle Teile gemäß Schnittmuster zuschneiden. Darauf achten, 2 Ohrenteile in Rosa geringelt und 2 Ohrenteile in Braun auszuschneiden.

2 Die beiden Taschenteile r-a-r zusammennähen und wenden. Die Ntzg der Wendeöffnung nach innen schlagen und die Tasche gemäß Markierung knappkantig auf das vordere Körperteil nähen.

3 Die Ohrenteile r-a-r zusammennähen. Dabei die Wendeöffnung offen lassen. Die Ohren wenden und leicht stopfen. Die Öffnung innerhalb der Ntzg zusteppen, damit nichts verrutschen kann. Das obere und untere Kopfteil des VT r-a-r legen und die Ohren dazwischen schieben. Die beiden Kopfteile an der Ohrlinie zusammennähen und dabei die Ohren mitfassen. Dabei darauf achten, dass die geringelten Ohrenteile nach vorne zeigen.

4 Je 2 Arm- und 2 Beinteile r-a-r zusammennähen und durch die Wendeöffnung wenden. Leicht mit Granulat und Füllwatte stopfen. Die beiden Körperteile r-a-r bis auf die Wendeöffnung zusammennähen. Dabei die Arme und Beine laut Markierungen mitfassen. Darauf achten, dass alle Teile dabei zwischen den beiden Körperteilen liegen müssen (siehe S. 136).

5 Den Hasen wenden und den Körper ausstopfen. Zum Schluss im Sitzbereich Granulat verwenden, damit der Hase schwer genug ist und nicht kippen kann. Die Wendeöffnung mit Matratzenstich schließen.

6 Die Augen und den Mund aufsticken. Den Pompon als Nase aufkleben oder annähen. Die Barthaare aus Sternzwirn ins Gesicht einziehen und mit einem Tropfen Sekundenkleber auf beiden Seiten fixieren. Auf die gewünschte Länge (ca. 6 cm) kürzen. Den Knopf auf der Tasche annähen.

Gegacker bei Tisch

Tischläufer mit Huhn

GRÖSSE
Tischläufer ca. 35 cm x 138 cm

MATERIAL TISCHLÄUFER
- Baumwollstoff in Natur, 75 cm
- Baumwollstoff in Orange, 30 cm
- Baumwollstoff in Natur-Gelb geringelt, Natur-Gelb gestreift, Natur-Gelb kariert, Natur-Orange kariert und Gelb, je 15 cm
- Baumwollstoff in Weiß, 20 cm
- Vliesofix, 20 cm
- 12 Knöpfe in Schwarz, ø 4 mm
- 4 Holzblumen in Gelb, ø 2,5 cm
- 2 Holzblumen in Weiß, ø 2,5 cm
- 2 Holzblumen in Weiß, ø 3,5 cm
- 2 Holzblumen in Weiß, ø 5 cm
- UHU Alleskleber

SCHNITTMUSTER
Bogen A (hellgrün)

Tischläufer

1 Die Teile für die Applikation gemäß Schnittmuster zuschneiden (vgl. S. 132). Für den Tischläufer aus Baumwollstoff in Natur 1x 37 cm x 140 cm, 1x 37 cm x 130 cm und aus Baumwollstoff in Orange 2x 7 cm x 37 cm zuschneiden.

2 Die orangefarbenen Streifen r-a-r jeweils an die kurzen Seiten des kleineren naturfarbenen Stoffes nähen.

3 Zuerst die naturfarbenen Hühner oberhalb des orangefarbenen Streifens aufbügeln, dann die Körper, Schnäbel, Haare und die Blumen in der Mitte des Läufers. Alle Teile mit farblich passendem Faden applizieren. Die Knöpfe als Augen annähen.

4 Die beiden Tischläuferteile r-a-r zusammennähen und dabei an einer der unteren Kanten ca. 20 cm als Wendeöffnung offen lassen. Durch diese den Läufer wenden und die Öffnung mit Matratzenstich schließen. Holzblumen gemäß Abbildung aufkleben.

GRÖSSE
Huhn ca. 17 cm

MATERIAL HUHN
- Baumwollstoff in Natur-Gelb geringelt und kariert, je 20 cm
- Baumwollstoff in Orange gemustert, Rest
- Filz in Orange, 4 mm stark, Rest
- Stickgarn in Schwarz
- Füllwatte
- Granulat
- Holzblume in Weiß, ø 2,5 cm
- UHU Alleskleber

SCHNITTMUSTER
Seite 120

Huhn

1 Alle Teile gemäß Schnittmuster zuschneiden. Den Kamm aus Filz nur 1x zuschneiden.

2 Für den Schnabel die beiden Teile r-a-r zusammennähen, durch die Wendeöffnung wenden und etwas stopfen.

3 Das VT und die beiden RT jeweils r-a-r an die Standfläche nähen. Dabei darauf achten, die RT so zu platzieren, dass die Kanten für die Rückennaht nebeneinander liegen. Die Seitennähte r-a-r schließen und so VT und die RT miteinander verbinden.

4 Den Kamm so von innen in den Kopf schieben, dass die Zacken nach unten zeigen. Die Kopfnaht schließen und dabei den Kamm mitfassen. Die Rückennaht vom Kamm bis zur Mitte des Rückens schließen.

5 Das Huhn wenden, ausstopfen und die Öffnung mit Matratzenstich schließen. Die Augen aufsticken und den Schnabel mit Matratzenstich annähen. Die Blume aufkleben.

Kaktus
unverwüstlich und garantiert nicht stachelig

GRÖSSE
ca. 40 cm

MATERIAL
- Baumwollstoff in Grün-Natur kariert, 35 cm
- Baumwollstoff in Hellgrün, 7 cm
- 12 Filzblüten in Natur (mit Knopflöchern), ø 3 cm
- Sternzwirn in Dunkelbraun
- Blumenübertopf, ø 22 cm, 21 cm hoch
- Rundholz, ø 8 mm, 30 cm lang
- Sand oder Vogelsand
- Deko-Granulat in Weiß
- Füllwatte
- Perlgarn in Gelb

SCHNITTMUSTER
Bogen B (lila)

1 Alle Teile gemäß Schnittmuster zuschneiden.

2 Einen hellgrünen Streifen (140 cm x 7 cm) zuschneiden und zwischen die Vorder- und Rückseite des Kaktus nähen. Hierfür zuerst den Streifen komplett an die Vorder-, anschließend an die Rückseite steppen. Die Ntzg einkürzen und an den Rundungen vorsichtig bis an die Naht einschneiden. Den Kaktus unten offen lassen. Durch diese Öffnung wenden und stopfen.

3 Das Rundholz etwa bis zur Hälfte in den Stamm des Kaktus einarbeiten. Das untere Ende des Kaktus nach dem Ausstopfen durch Einziehen eines Fadens einkräuseln, zusammenziehen und die Öffnung schließen. Das Rundholz schaut ca. 15 cm unten aus dem Kaktus heraus.

4 Die Blüten gemäß der Abbildung auf dem Kaktus mit gelbem Perlgarn annähen.

5 Für die Stacheln je ein ca. 6 cm langes Stück Sternzwirn einziehen und doppelt verknoten. Die Stacheln auf ca. 1,5 cm zurückschneiden.

6 Den Blumentopf mit Sand füllen und das Rundholz so weit hineinstecken, bis der Kaktus auf dem Sand aufsitzt. Die Oberfläche des Sandes mit Deko-Granulat bedecken, bis das untere Ende des Kaktusstammes verdeckt ist.

...Tipp
Falls Sie keine Filzblüten mit Knopflöchern bekommen sollten, können Sie diese auch mit einer Lochzange einstanzen.

Sonne
die ersten warmen Strahlen

GRÖSSE
ca. ø 29 cm

MATERIAL
- Baumwollstoff in Gelb-Weiß kariert, 35 cm
- Filzscheibe in Weiß, ø 13,5 cm, 3 mm stark
- 2 Knöpfe in Dunkelbraun, ø 6 mm
- UHU Alleskleber
- Stickgarn in Schwarz und Gelb
- Füllwatte
- Perlgarn in Gelb

SCHNITTMUSTER
Bogen B (braun)

1 Alle Teile gemäß Schnittmuster zuschneiden.

2 Die beiden Sonnenteile r-a-r bis auf die Wendeöffnung zusammennähen. Die Ntzg zurückschneiden und in den Ecken vorsichtig bis zur Naht einschneiden. Die Sonne wenden, leicht ausstopfen und mit Matratzenstich schließen.

3 Die Knöpfe als Augen auf die Filzplatte nähen, den Mund und die Umrandung mit Vorstichen und Stickgarn in Schwarz bzw. Gelb auf das Gesicht sticken. Die Bäckchen aufmalen. Das Gesicht auf die Sonne kleben. Aus Perlgarn einen Aufhänger anbringen.

Tipp
Wenn Sie sich noch mehr Frühling nach Hause holen wollen, können Sie die helle Sonne und den freundlichen Kaktus toll miteinander kombinieren.

Blumentasche

schicker, fröhlicher Einkaufsbegleiter

GRÖSSE

ca. 40 cm x 43 cm
(ohne Träger)

MATERIAL

- Baumwollstoff in Weiß,
  30 cm
- Baumwollstoff in Rosa-
  Weiß kariert, 25 cm
- Baumwollstoff in Rosa,
  15 cm
- Baumwollstoff in Grün-
  Weiß gestreift, Rest
- Volumenvlies H 630
  (zum Aufbügeln), 15 cm
- Knopf in Weiß, ø 18 mm
- 2 Knöpfe in Pink,
  ø 20 mm
- Stickgarn in Weiß
  und Grün

SCHNITTMUSTER

Bogen A (dunkelblau)

1 Alle Teile gemäß Schnittmuster mit Ntzg und zusätzlich die Teile der Blumen und Blätter je 1x aus Volumenvlies ohne Ntzg zuschneiden. Aus dem Baumwollstoff in Rosa-Weiß kariert 2x 42 cm x 5,5 cm (Außenseite Träger) und 2x 42 cm x 10 cm (unterer Taschenstreifen) und aus dem Baumwollstoff in Weiß 2x 42 cm x 5,5 cm (Innenseite Träger) (alle Maße inkl. 1 cm Ntzg) zuschneiden.

2 Die Volumenvliesteile mittig auf die eine Hälfte der Blütenkreise und Blätter bügeln. Die andere Hälfte für die Wendeöffnungen mittig ca. 3 cm lang einschneiden. Jeweils ein Blütenteil mit und ohne Volumenvlies r-a-r rundherum zusammennähen und durch die Wendeöffnung wenden. Die Wendeöffnungen mit Spannstichen schließen. Die Blütenstiele mit Stielstich gemäß Schnittmuster auf das Vorderteil der Tasche sticken. Die Blätter mit weißem Stickgarn im Blattaderverlauf auf der Tasche fixieren. Die Blütenkreise gemäß Abbildung übereinanderlegen und mit je einem Knopf durch alle Lagen hindurch auf der Tasche befestigen.

3 Die Taschenstreifen oben und unten jeweils r-a-r an das Vorder- bzw. Rückenteil nähen. Die Ntzg in den weißen Stoff bügeln und absteppen. Die beiden Taschenteile r-a-r bis auf die obere Taschenöffnung zusammennähen. Die Ntzg der oberen Kante der Taschenöffnung versäubern und gemäß Schnittmuster entlang der Umbruchlinie nach innen schlagen und bügeln.

4 Für die Träger jeweils einen weißen und einen rosa-weiß karierten Streifen bis auf eine Wendeöffnung an einer schmalen Seite zusammensteppen und wenden. Die Nähte gut bügeln. Dabei die Ntzg der Wendeöffnung nach innen schlagen. Die Träger rundherum absteppen. Den umgebügelten Umschlag an der oberen Taschenkante wieder nach außen klappen und die Träger gemäß Schnittmuster aufsteppen. Dabei zeigen die Träger in Richtung Tascheninnenseite. Darauf achten, dass die Träger nicht verdreht aufgenäht werden. Den Umschlag wieder nach innen schlagen und danach unterhalb der Träger rundherum feststeppen.

Kannenschaf
für vollendeten Teegenuss

GRÖSSE
ca. 26 cm

MATERIAL
- Fleece in Natur, 30 cm
- Baumwollstoff in Braun, 15 cm
- Baumwollstoff in Grün-Natur kariert, 45 cm
- Baumwollstoff in Rosa-Natur geringelt, Rest
- Baumwollvlies, 30 cm
- Vlieseline H 180, 15 cm
- Stickgarn in Bordeaux und Grau
- 6 Blumenknöpfe in Blau, ø 8 mm
- 8 Blumenknöpfe in Rosa, ø 8 mm
- 8 Blumenknöpfe in Blau, ø 6 mm
- 8 Blumenknöpfe in Rosa, ø 6 mm
- Füllwatte

SCHNITTMUSTER
Bogen B (hellgrün)

1 Alle Teile (mit Ausnahme der Wiesenteile) gemäß Schnittmuster zuschneiden. Das Futter wird aus Baumwollstoff in Grün-Natur kariert genäht.

2 Für die Ohren je 2 Teile r-a-r zusammennähen und durch die Wendeöffnung wenden. Die Seiten der Ohren zur Mitte einschlagen und innerhalb der Ntzg feststeppen.

3 Die vorderen und hinteren Kopfteile r-a-r zusammennähen und dabei gemäß Markierung die Ohren mitfassen. Darauf achten, dass die Ohren mit der Ohrinnenseite auf dem vorderen Kopfteil liegen. Die beiden Kopfteile r-a-r zusammennähen und durch die Wendeöffnung wenden. Den Kopf ausstopfen und die Öffnung mit Matratzenstich schließen. Die Oberkante der Ohren nach unten ins Gesicht klappen und mit ein paar Stichen von Hand fixieren. Das Gesicht aufsticken.

4 Für die Arme die Pfoten r-a-r an die oberen Armteile nähen. Je 2 Arme r-a-r zusammennähen und durch die Wendeöffnung wenden. Die Arme stopfen und die Öffnung mit Matratzenstich schließen.

5 Für den Körper die beiden Fleeceteile r-a-r der Rundung entlang zusammennähen und wenden.

6 Für die Wiese zuerst die Vlieseline auf die Rückseite des Stoffes in Grün-Natur kariert bügeln, dann das Schnittmuster der Wiese darauf übertragen. Je 2 Wiesenteile r-a-r entlang der Zacken zusammennähen, knappkantig ausschneiden (die Ntzg an den Ecken einschneiden) und wenden. Die Wiese r-a-r an den beiden Seitennähten zur Rund schließen. Die untere offene Seite innerhalb der Ntzg zusammensteppen, damit nichts verrutschen kann. Die Wiese so über den Körper des Schafes ziehen, dass die beiden unteren Kanten übereinander liegen. Innerhalb der Ntzg zusammensteppen, damit nichts verrutschen kann.

7 Für das Futter des Körpers die beiden Teile r-a-r der Rundung entlang zusammensteppen. Das Futter r-a-r so über den Körper ziehen, dass die unteren Kanten übereinander liegen und diese bis auf ein ca. 15 cm langes Stück rundherum zusammennähen. Durch die Öffnung die beiden Teile so wenden, dass das Futter im Körper zu liegen kommt. Die Wendeöffnung mit Matratzenstich schließen.

8 Gemäß Abbildung die Blümchen aufnähen und die Wiese mit Stickgarn am Körper des Schafes fixieren. Den Kopf und die Arme mit ein paar Stichen am Körper befestigen.

... Tipp
Als Deko eignet sich sehr gut eine einzelne Rose der Rosengirlande von S. 38/39.

Brotkorb mit Hühnern
ganz schön ausgeschlafen

GRÖSSE

Brotkorb ca. 30 cm x 30 cm
Hühner 12 cm und 27 cm hoch

**MATERIAL
BROTKORB**

- Baumwollstoff in Natur, Natur mit Blümchen und Natur-Türkis geringelt, je 25 cm
- Baumwollvlies, 20 cm
- Schrägband in Rosa 1,5 cm breit, 8x 20 cm

HÜHNER

- Baumwollstoff in Natur, 30 cm
- Baumwollstoff in Gelb-Natur geringelt, 15 cm
- Baumwollstoff in Türkis geringelt, 10 cm
- Baumwollstoff in Orange-Natur kariert, Türkis-Natur kariert und Orange gemustert, Reste
- Stickgarn in Gelb, Apricot und Grau
- Füllwatte
- Granulat

SCHNITTMUSTER
Bogen B (hellblau)

Brotkorb

1 Alle Teile gemäß Schnittmuster zuschneiden. Das Baumwollvlies für die Einlage jeweils ohne Ntzg 1x für den Boden und 4x für die Seitenteile (nur als einfaches Teil, ohne Stoffbruch) zuschneiden.

2 Für die Bindebänder die Schrägbandstücke der Länge nach zunähen. Dabei an einem Ende als Abschluss ca. 1 cm nach innen geschlagen feststeppen.

3 Die Seitenteile jeweils an der Stoffbruchlinie r-a-r zusammenfalten und die Seitennähte schließen. Dabei jeweils 1 Band pro Seite gemäß Markierung mitfassen. Darauf achten, dass die Bänder beim Einnähen im Inneren des gefalteten Seitenteils liegen müssen und dass das nicht eingeschlagene Bandende festgenäht wird.

4 Die Teile wenden und je 1 Baumwollvliesstück einschieben. Die unteren offenen Kanten innerhalb der Ntzg zusteppen.

5 Die Seitenteile r-a-r an 1 Bodenteil nähen. Die Ntzg des 2. Bodenteils nach innen bügeln und dieses als Unterseite mit Matratzenstich befestigen. Dabei darauf achten, dass alle Ntzg innen liegen. Vor dem vollständigen Schließen noch das Baumwollvlies für den Boden einschieben.

6 Je 2 Bänder zusammen zu einer Schleife binden.

GRÖSSE

Hühner 12 cm und 27 cm hoch

MATERIAL HÜHNER

- Baumwollstoff in Natur, 30 cm
- Baumwollstoff in Gelb-Natur geringelt, 15 cm
- Baumwollstoff in Türkis geringelt, 10 cm
- Baumwollstoff in Orange-Natur kariert, Türkis-Natur kariert und Orange gemustert, Reste
- Stickgarn in Gelb, Apricot und Grau
- Füllwatte
- Granulat

SCHNITTMUSTER

Seite 121 + Bogen B (hellblau)

Hühner

1 Alle Teile gemäß Schnittmuster zuschneiden.

2 Für den Bändel der Schürze einen Streifen von 35 cm x 4 cm (inkl. je 1 cm Ntzg an allen Seiten) zuschneiden.

3 Die Hühner nähen wie beim Huhn von S. 13 beschrieben. Statt dem Filz-Kamm wird jedoch ein Stoff-Kamm eingenäht. Dafür die beiden Kammteile rechts zusammennähen und durch die untere offene Seite wenden. Kamm einnähen wie beschrieben.

4 Die Schürze des großen Huhns wie folgt nähen: Die Seiten und die untere Kante des Schürzenteils versäubern, die Ntzg nach innen schlagen und feststeppen. Für das Band an allen Seiten die Ntzg nach innen schlagen und das Band der Länge nach mittig so falten, dass die Ntzg innen liegen. Das Band absteppen und dabei in der Mitte die obere Kante des Schürzenteils mit einnähen. An der Schürzentasche alle Kanten versäubern.

5 Die Blume im Margeritenstich (siehe Stickstiche S. 138) aufsticken. Die Ntzg nach innen schlagen und die Tasche auf der Schürze feststeppen.

Osteranhänger
für den Osterstrauß

GRÖSSE
Hase ca. 8,5 cm
Ei ca. 6,5 cm
Blume ca. 5 cm

MATERIAL
- Baumwollstoff in Natur, Rosa-Natur kariert und geringelt, Reste
- Sternzwirn in Schwarz
- Volumenvlies H 640 zum Aufbügeln, 10 cm
- Stickgarn in Pink
- je 1 Holzblume in Rosa, ø 2,5 cm, und Weiß, ø 3,5 cm
- UHU Alleskleber

SCHNITTMUSTER
Seite 122

1 Alle Motive gemäß Schnittmuster aus den jeweiligen Stoffen mit Ntzg und je 1x aus Volumenvlies ohne Ntzg ausschneiden.

2 Die Teile aus Volumenvlies mittig auf die linke Seite eines Stoffteils bügeln. Je 1 Teil mit und 1 Teil ohne Volumenvlies r-a-r legen, zusammennähen und die Motive wenden. Die Wendeöffnungen an allen Motiven mit Matratzenstich schließen.

3 Mit Alleskleber die Holzblumen auf den Eiern befestigen.

4 Für die Blumen mit Blütenmitte die beiden Teile r-a-r zusammennähen, wenden und die Öffnung mit Matratzenstich schließen. Die Blütenmitte auf die Blume kleben und mit Stickgarn gemäß Vorlage verzieren.

5 Die Nase des Hasen aufkleben und mit Spannstich besticken. Die Augen aufsticken. Für die Barthaare ca. 10 cm lange Fäden aus Sternzwirn durch den Kopf ziehen. Mehrfach verknoten und auf die gewünschte Länge kürzen. Die Ohren mit Stickgarn in Pink umsticken. Einen Nähfaden als Aufhängung anbringen.

 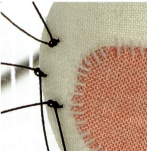 

Sommer

Es gibt Dinge, die gehören einfach zum Sommer dazu!
Baden gehen, Gras zwischen den Zehen spüren, Eis essen, im
Juni duftende Rosen bewundern und frische Kräuter aus dem
eigenen Gärtchen in den Salat mischen. Und falls es doch
einmal regnet, holen Sie sich einfach den Sommer mit selbstgenähten Rosen ins Haus. Dabei können Sie die Blütenpracht
mit der passenden Vasenhülle ins rechte Licht rücken, da sie
auch gleich alten Gefäßen zu neuer Blüte verhilft.
Im Sommer sprießen Blumen und Kräuter
und manches Töpfchen sieht mit einem
niedlichen Vogelhäuschenstecker noch
mal so schön aus.

Herzenssachen

Patchwork-Kissen und Girlande

GRÖSSE
Kissen ca. 40 cm x 40 cm

MATERIAL KISSEN

- Baumwollstoff in Natur, Natur mit Blümchen und Natur-Rosa geringelt, je 15 cm
- Baumwollstoff in Natur-Rosa kariert, 30 cm
- Stickgarn in Bordeaux
- Vliesofix, Rest
- 3 Knöpfe in Rosa, ø 15 mm

SCHNITTMUSTER
Seite 125

Kissen

1 Alle Teile gemäß Schnittmuster zuschneiden. Für die Vorderseite 4 Randstreifen von je 37 cm x 7 cm (inkl. 1 cm Ntzg) zuschneiden, für das obere rückwärtige Teil ein Rechteck von 42 cm x 27 cm (inkl. 1 cm Ntzg), für das untere rückwärtige Teil ein Rechteck von 42 cm x 30 cm (inkl. 1 cm Ntzg) zuschneiden.

2 Die Herz-Applikation vorbereiten (vgl. S. 135). Alle Quadrate nacheinander gemäß Abbildung r-a-r zusammennähen. Dafür am besten jeweils 3 Teile zu einer Reihe zusammensetzen und anschließend die Reihen zu einem Quadrat zusammennähen. Die Randstreifen r-a-r um das Patchworkquadrat nähen. Dabei liegen die Randstreifen jeweils auf der linken Seite bündig mit dem Quadrat.

3 Das Herz aufbügeln und mit Stickgarn in Rot umsticken. Jeweils 1 Längsseite der beiden rückwärtigen Teile mit einem 3 cm breiten Doppelsaum versehen. In den Doppelsaum des oberen RT gleichmäßig verteilt 3 Knopflöcher (2 cm) nähen. Dementsprechend die Knöpfe auf dem Doppelsaum des unteren RT befestigen. Die beiden rückwärtigen Teile r-a-r auf das VT des Kissens nähen. Die beiden Doppelsäume kommen dabei übereinander zu liegen. Darauf achten, dass das obere Teil unter dem unteren liegt.

GRÖSSE
Herz ca. 7 cm x 7 cm

MATERIAL GIRLANDE
- Baumwollstoff in Natur, Natur mit Blümchen, Rosa, Natur-Rosa geringelt, Natur-Rosa kariert und Rosa mit Herzblümchen, je Herz 2x 15 cm x 15 cm, Reste
- Satinband in Rosa und Bordeaux, 3 mm breit, je Herz 10 cm
- Satinband in Natur, 6 mm breit, ca. 120 cm
- Stickgarn in Rosa, Bordeaux, Hellgrün und Mittelgrün
- Vliesofix, Rest
- Füllwatte

SCHNITTMUSTER
Seite 125

Girlande

1 Die Herzen gemäß Schnittmuster zuschneiden und mit Applikation und Stickerei laut Abbildung verzieren. Je 2 Herzen r-a-r zusammennähen. Dabei oben in der Mitte gemäß Markierung das zu einer Schlaufe gelegte Satinband mitfassen. Darauf achten, dass die Schlaufen beim Einnähen im Inneren des Herzens liegen müssen.

2 Durch die Wendeöffnung wenden und stopfen. Die Öffnung mit Matratzenstich schließen. Die Herzen an das lange Satinband knoten.

32 | SOMMER

Sommerpüppchen
Rosalie will bummeln gehen

GRÖSSE

ca. 42 cm

MATERIAL

- Baumwollstoff in Braun, 30 cm
- Baumwollstoff in Natur und Rosa mit Herzblümchen, je 15 cm
- Baumwollstoff in Rosa, 10 cm
- Rocailles in Rosa, Pink, Grün und Weiß, ø 2,5 mm,
- Satinband in Rosa, 4 mm breit, 25 cm lang
- 4 Satinröschen in Weiß, ø 1 cm
- 15 Puppenhaare in Dunkelbraun, 20 cm lang
- Stickgarn in Hellgrün, Grün und Schwarz
- Füllwatte

SCHNITTMUSTER

Seite 125 (Hut) +
Bogen B (schwarz, Körper),
Bogen B (türkis, Kleidung)

Körper

1 Alle Teile gemäß Schnittmuster zuschneiden. Das Nasenteil rundherum mit Fransenstop einstreichen und trocknen lassen. Je 2 Ohrenteile r-a-r zusammennähen. Die gerade Seite offen lassen und die Ohren wenden. Die Ohren jeweils zur Mitte schlagen und mit ein paar Stichen fixieren. Je 2 Armteile r-a-r zusammennähen. Dabei die Wendeöffnung nicht schließen und die Arme durch diese wenden.

2 Je 2 Körper-Kopf-Teile r-a-r zusammensteppen und dabei die Ohren an den markierten Stellen am Kopf mitfassen. Dafür die Ohren zwischen die beiden Kopfteile legen und darauf achten, dass die Ohrmuscheln in die richtige Richtung zeigen! Den Körper unten offen lassen und durch diese Öffnung wenden.

3 Die Beine rundherum bis auf die Wendeöffnung zusammennähen und wenden.

4 Alle Teile mit Füllwatte stopfen. Die Ntzg des Körpers nach innen einschlagen, die Beine von unten in den Körper schieben und die Öffnung zusteppen. Dabei die Beine mitfassen. Die Arme mit Matratzenstich schließen und an den Körper nähen. Hierfür einen reißfesten Faden an der Innenseite eines Arms befestigen. Mit einer langen Nadel zuerst durch den Arm auf die Außenseite, dann durch den Arm und den Körper stechen. Den zweiten Arm von der Innen- auf die Außenseite durchstechen und anschließend wieder von außen durch den Arm und den Körper. Den Faden fest anziehen und damit die Schultern etwas zusammenziehen.

5 Das Gesicht gemäß Abbildung aufsticken. Die Nase entlang der Ntzg einkräuseln, leicht ausstopfen und mit Matratzenstich auf das Gesicht nähen. Die Bäckchen mit rotem Buntstift aufmalen. Die Haare mit ein paar Stichen auf dem Kopf befestigen und eventuell noch etwas zurechtschneiden.

Kleidung

1 Für das Kleid die beiden RT an der Schulter r-a-r auf das VT nähen. Ebenso an den Belegteilen die Schulternaht schließen. Den Beleg r-a-r auf die Halsausschnittkante nähen, nach innen legen und knappkantig feststeppen. Die Ärmel r-a-r in die Armausschnitte einpassen. Für die Ärmel-Rüschen die Ntzg des Rüschenstreifens an einer Längsseite versäubern, nach innen schlagen und feststeppen. Die zweite Längsseite entsprechend der Weite des Ärmelsaums einkräuseln. Die Rüsche r-a-r auf den Saum stecken und annähen. Die Ärmel- und Seitennähte schließen. Das Rockteil r-a-r an das Oberteil des Kleides nähen. Den unteren Kleidersaum versäubern, die Ntzg nach innen schlagen und feststeppen. Das Kleid anziehen, die Ntzg der rückwärtigen Mitte nach innen schlagen und die Mittelnaht mit Matratzenstich schließen.

2 Für den Hut je 2 Krempenteile r-a-r zu einem Ring schließen. Die beiden Ringe r-a-r an der Außenkante entlang zusammensteppen. Die Krempe wenden und an der Innenkante die beiden Teile zusammenfassen, damit nichts verrutschen kann. Das Hutmittelteil r-a-r um das obere Hutteil herum festnähen und die Seitennaht am mittleren Hutteil schließen. Den Hut auf rechts wenden. Die Krempe so über das Hutmittelteil schieben, dass der innere Rand der Krempe auf der rechten Seite des Hutmittelteils liegt. Die beiden Teile zusammennähen und den Hut mit ein paar Stichen am Kopf der Puppe befestigen. Anschließend 1 Satin-Rose annähen.

3 Für die Schuhe das Belegteil r-a-r auf die obere Schuhkante nähen, nach innen legen und knappkantig feststeppen. Die Schuhe am Stoffbruch entlang r-a-r zusammenlegen und die untere und vordere Naht steppen. Die Schuhe wenden und je eine Satinrose anbringen.

4 Für die Tasche die oberen Kanten versäubern, die Ntzg nach innen schlagen und feststeppen. Auf ein Taschenteil die Blätter aufsticken. Die beiden Taschenteile r-a-r zusammennähen und die Tasche wenden. Das Satinband als Trageriemen und 1 Satinrose anbringen.

5 Für das Armkettchen die Rocailles auf einen Nähfaden auffädeln, um das Handgelenk legen und die Enden miteinander verknoten.

Muffins
lecker angerichtet

GRÖSSE
ø ca. 6 cm

MATERIAL
- Nicki oder Panne-Samt in Weiß, Natur, Rosa, Rot und Braun, Reste
- Satinlitze und -kordel oder andere Bänder und Borten in verschiedenen Farben
- Perlen, Pailletten und Stoffröschen in verschiedenen Farben
- Füllwatte
- Bastelkleber oder Heißkleber

SCHNITT-MUSTER
Seite 123

1 Alle Teile gemäß Schnittmuster zuschneiden. Zuerst die lange Seite des Seitenteils r-a-r an die Oberseite des Muffins nähen. Anschließend die kurze Seite des Seitenteils an die Unterseite des Muffins steppen.

2 Die Ntzg kürzen und den Muffin durch die Öffnung im Seitenteil wenden, anschließend mit Füllwatte stopfen. Dabei kann die Form etwas modelliert werden.

... Hinweis
Die Muffins sollten nicht zu fest gestopft werden, da sich die Stoffe dehnen und die Muffins so „aus der Form" geraten können.

3 Die Muffins in verschiedenen Farben nähen und gemäß Abbildung oder eigener Fantasie verzieren. Dafür die Borten, Bänder, Kordeln und Litzen aufnähen oder aufkleben. Die Perlen, Pailletten und Röschen ebenfalls mit Bastelkleber bzw. Heißkleber oder mit Nadel und Faden befestigen.

... Tipp
Die Muffins passen in handelsübliche Papierförmchen.

... Tipp
Sticken Sie vor dem Nähen Namen auf die Seitenteile der Muffins und verwenden Sie sie als „Platzanweiser" auf Ihrer Sommerfesttafel!

Rosige Zeiten
neues Kleid für alte Vasen

GRÖSSE
ca. 17 cm

MATERIAL
- Baumwollstoff in Natur, 20 cm
- Volumenvlies H 640 zum Aufbügeln, 20 cm
- Schrägband in Rosa-Natur kariert, 2x 28 cm x 2 cm
- Stickgarn in Bordeaux, Hellgrün und Grün
- Glas-Vase, 17 cm hoch, ø 7 cm

SCHNITTMUSTER
Bogen B (gelb)

1 Die Vasenhülle 2x zuschneiden, dabei an den Seitenkanten mit Ntzg, aber ohne Ntzg an der oberen und unteren Kante. Das Volumenvlies 1x ohne Ntzg zuschneiden.

2 Das Volumenvlies unter Beachtung der Ntzg mittig auf die linke Stoffseite einer Vasenhülle bügeln. Die beiden Vasenhüllenteile links auf links innerhalb der Ntzg zusammensteppen, damit nichts verrutschen kann.

3 Die Rosen gemäß Vorlage und Abbildung aufsticken. Dabei beachten, dass die Außenseite der Vasenhülle diejenige mit dem aufgebügelten Volumenvlies ist.

4 Das Schrägband auf die Oberkante der Außenseite steppen, aber noch nicht auf der anderen Seite festnähen. Die Vasenhülle r-a-r legen und die Seitennaht inkl. Schrägband zusteppen. Das Schrägband nach außen umschlagen und von Hand oder mit der Nähmaschine festnähen. Zum Schluss die Hülle wenden.

... Tipp
Besitzen Sie eine Vase mit anderen Maßen? Dann passen Sie die Höhe und Breite der Vasenhülle an diese Maße an.

Rosengirlande

hält länger als jeder Strauß

GRÖSSE
Rose ca. 13 cm x 14 cm x 6 cm

MATERIAL
- Baumwollstoff in Grün und Grün-Natur kariert, je 20 cm
- Baumwollstoff in Natur und Rosa-Natur gestreift, je 10 cm
- Wildlederimitatband in Hellgrün, 3 mm breit, 170 cm lang
- Stickgarn in Weiß

SCHNITT- MUSTER
Seite 123

Rosengirlande

1 Alle Teile gemäß Schnittmuster zuschneiden. Für eine Rose je 20x die Blütenblätter und je 2x die Blätter zuschneiden.

2 Je 2 Blätterteile r-a-r zusammennähen. Dabei eine Wendeöffnung offen lassen. Die Ntzg zurückschneiden und in den Ecken vorsichtig bis kurz vor die Naht einschneiden. Die Blätter wenden und die Öffnung mit Matratzenstich schließen.

3 Die Blattadern mit weißem Stickgarn gemäß Vorlage aufsticken. Gemäß Markierung in der Mitte der Blätter einen Faden einziehen und so zusammenziehen, dass eine kleine Vertiefung entsteht, in die später die Rose eingesetzt werden kann.

4 Pro Rose 10 Blütenblätter nähen. Dafür jeweils 2 Blütenblätter r-a-r zusammennähen. Dabei die untere gerade Kante offen lassen und die Blätter wenden und bügeln. Die Blütenblätter nun jeweils an der unteren Kante einkräuseln und wie bei einer Kette auffädeln.

Hierfür immer in der Mitte des Blattes das nächste Blatt hinten anlegen und beide Blätter gemeinsam fassen. Die aneinander gereihten Blütenblätter dabei umeinander wickeln und immer wieder mit ein paar Stichen fixieren. So fortfahren bis alle 10 Blütenblätter aufgereiht und gewickelt sind.

5 Die Blüte in die Vertiefung der Blätter einsetzen und mit ein paar seitlichen Stichen fixieren. Die Rosen samt Blättern mit ein paar Stichen gleichmäßig verteilt auf dem Band anbringen.

Hübsche Regal-Borte
peppt schlichte Möbel auf

GRÖSSE
ca. 120 cm x 19 cm

MATERIAL
- Baumwollstoff in Rosa meliert, 10 cm
- Baumwollstoff in Weiß, 10 cm
- Baumwollstoff in Weiß mit bunten Blumen, 10 cm
- Bauwollstoff in Grün-Weiß kariert, 20 cm
- Schrägband in Rosa-Weiß kariert, 1,20 m
- Zackenlitze in Weiß, 1,20 m
- Klettband (einseitig zum Aufkleben), 2 cm breit, 1,20 m
- Stickgarn in Grün
- Knopf in Rosa, ø 2,2 cm

SCHNITTMUSTER
Seite 124

1 Alle Teile gemäß Schnittmuster zuschneiden. Für den Bortenstreifen 2x 120 cm x 5 cm zuschneiden. Auf die rechte Seite eines Bortenstreifens mittig die Zackenlitze aufsteppen.

2 Auf ein weißes Bogenteil den Blumenstiel und die Blätter gemäß Vorlage im Stiel- bzw. Plattstich aufsticken. Dann jeweils zwei gleiche Bogenteile bis auf die Wendeöffnung r-a-r zusammennähen und die Ntzg auf ca. 0,5 cm kürzen. Die Bogenteile wenden und die Rundungen gut bügeln.

3 Die Bogenteile r-a-r so auf einen der Bortenstreifen nähen, dass die geraden Kanten übereinanderliegen. Dabei darauf achten, dass die beiden Seiten-Bogenteile außen liegen und alle Bogenteile eng aneinanderliegend festgesteppt werden.

4 Den zweiten Bortenstreifen r-a-r von der anderen Seite so dagegennähen, dass die Bogenteile zwischen den beiden Bortenstreifen liegen und sich die beiden Bortenstreifen und Steppnähte übereinander befinden. Die kurzen Seiten der Bortenstreifen ebenfalls zusammennähen und die Borte wenden. Die obere (= offene) Kante innerhalb der Ntzg zusammensteppen und mit Schrägband einfassen. Dabei die Enden des Schrägbandes nach innen schlagen. Den Knopf auf dem mittleren Bogenteil annähen.

... Tipp

Durch Einfügen eines oder mehrerer Bogenteile können Sie die Regal-Borte beliebig verlängern.

Herziger Tischläufer
mit passenden Servietten

GRÖSSE
ca. 38 cm x 146 cm

MATERIAL LÄUFER
- Baumwollstoff in Weiß mit roten und rosafarbenen Streifen, 50 cm
- Baumwollstoff in Rot meliert, 25 cm
- Baumwollstoff in Weiß mit roten Tupfen, 15 cm
- Baumwollstoff in Rosa-Weiß kariert, Rest
- Schrägband in Rosa, 2x 40 cm
- Zackenlitze in Rosa, 2x 40 cm
- Vliesofix, 15 cm
- Stickgarn in Rot

SCHNITTMUSTER
Bogen A (weinrot)

Läufer

1 Die Teile für die Applikation gemäß Schnittmuster zuschneiden (4x kleines Herz in Rosa-Weiß kariert und in Weiß mit roten Tupfen, 2x großes Herz in Weiß mit roten Tupfen und 2x Mini-Herz in Rosa-Weiß kariert). Dabei die Hinweise auf S. 135 beachten. Für den Tischläufer aus Baumwollstoff in Weiß gestreift 1x 107 cm x 50 cm und aus Baumwollstoff in Rot meliert 2x 50 cm x 22,5 cm zuschneiden. Die Herzen gemäß Schnittmuster applizieren und mit Stickgarn im Spannstich gemäß Abbildung verzieren.

2 Die beiden kleinen Läuferteile mit den applizierten Herzen r-a-r an die kurzen Seiten des großen Läuferteils nähen. Die Ntzg versäubern, in Richtung Läufermitte legen und feststeppen. Die Zackenlitze ca. 1 cm von der Naht entfernt aufsteppen. Die Kanten der beiden kurzen Seiten des Läufers mit Schrägband versäubern. Dafür die Hinweise auf S. 133 beachten. Die Kanten der langen Läufer-Seiten mit einem einfachen Saum versäubern.

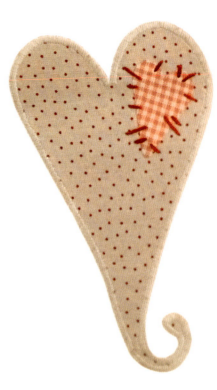

... Tipp
Sie können die Länge des Läufers ganz einfach an Ihren Tisch anpassen, indem Sie das mittlere Läuferteil entsprechend kürzen oder verlängern.

MATERIAL
SERVIETTEN

- Baumwollstoff in Weiß mit roten und rosafarbenen Streifen, 40 cm x 40 cm
- Baumwollstoff in Rot meliert, 40 cm x 40 cm
- Baumwollstoff in Weiß mit roten Tupfen, Rest
- Vliesofix, Rest

SCHNITTMUSTER
Bogen A (weinrot)

Servietten

Für die Servietten alle Kanten mit einem einfachen Saum versehen. Das Herz gemäß Abbildung applizieren.

... Tipp

Die Servietten lassen sich aus Resten farblich passender Stoffe nach eigenen Ideen nähen und verzieren.

Vogelhäuschen
Deko für den Blumentopf

GRÖSSE

ca. 14 cm (ohne Stab)

MATERIAL

- Baumwollstoff in Weiß, Blau-Weiß kariert, Blau-Weiß gestreift und Weiß-Blau gestreift, je 15 cm
- Baumwollstoff in Hellgelb, Rest
- 2 Knöpfe in Weiß, ø 1,7 cm
- Knopf in Blau, ø 2,1 cm
- Wildlederimitatband in Weiß, 3 mm breit, 2x 25 cm
- Wildlederimitatband in Blau, 3 mm breit, 25 cm
- Vlieseline H 640 zum Aufbügeln, Rest
- Stickgarn in Weiß, Gelb und Blau
- 3 Schaschlikspieße
- Textilkleber

SCHNITTMUSTER

Seite 122

1 Alle Teile gemäß Schnittmuster aus den jeweiligen Stoffen mit Ntzg und je 1x aus Volumenvlies ohne Ntzg ausschneiden.

2 Die Teile aus Volumenvlies mittig auf die linke Seite eines Stoffteils bügeln. Je 1 Stoffteil mit und 1 Teil ohne Volumenvlies r-a-r legen und zusammennähen. Dabei die Wendeöffnungen nicht schließen. Alle Teile wenden. Die Wendeöffnung des Vogels mit Matratzenstich schließen.

3 Bei den Vogelhäusern wie folgt verfahren: Die Ntzg der Wendeöffnung des Hausteils von unten in die Öffnung des Daches schieben und festkleben. Dabei die Ntzg der Dachöffnung nach innen schlagen.

4 Eine Ziernaht in Blau bzw. Weiß entlang der unteren Dachkante und die gelben Sterne sticken. Den Vogel gemäß der Abbildung besticken und aus Stickgarn in Gelb ein paar Haare anbringen. Die Knöpfe gemäß Markierung und Abbildung aufnähen. Je einen Schaschlikspieß vorsichtig von unten durch die Naht stecken.

5 Dem Vogel gemäß Vorlage ein Knopfloch nähen und den Vogel auf ein Haus knöpfen. Die Bänder als Schleifen an den Spießen anbringen.

Herbst

Herbst, das heißt, dass die Tage wieder kürzer werden; Ausflüge in die Wälder, Pilze sammeln und Kürbissuppe erfreuen sich besonderer Beliebtheit. Das ist nun auch die ideale Zeit, um es sich mit einer Tasse Tee gemütlich zu machen, wenn es draußen stürmt und die Blätter nur so durch die Gegend wirbeln. Bereiten Sie doch ein leckeres Pilzgericht zu und nähen Sie sich ein paar hübsche Fliegenpilze – die gehören natürlich nicht ins Essen, machen das Zuhause aber noch schöner! Und die Schnurrekatze sorgt dafür, dass auch von außen kein Lüftchen durch die Ritzen weht und es drinnen gemütlich warm bleibt.

Kürbisse

junges Gemüse

GRÖSSE

großer Kürbis ca. 22 cm hoch,
ø 20 cm
kleiner Kürbis ca. 9 cm hoch,
ø 11 cm

MATERIAL

- Baumwollstoff in Grün, 15 cm
- Baumwollstoff in Orange und
  Orange-Natur geringelt, je
  30 cm
- Baumwollstoff in Orange
  geblümt und Orange-Natur
  kariert, je 15 cm
- Füllwatte
- Textilkleber

SCHNITTMUSTER

Seite 126

1 Alle Teile gemäß Schnittmuster zuschneiden.

2 Für den Kürbis jeweils 2 unterschied-
lich gemusterte Sicheln entlang der Innenkante r-a-r zusammennähen. Mit allen
Sicheln so verfahren. Danach je 2 Sicheln
aus demselben Stoff r-a-r entlang der
Außenkante zusammensteppen. So fortfahren, bis alle Sicheln zu einem Kürbis ver-
bunden sind und nur noch eine Naht offen
ist. Durch diese den Kürbis wenden und
prall ausstopfen. Die Öffnung mit Matratzenstich schließen.

3 Für den Kürbisdeckel die beiden Teile
r-a-r bis auf die Wendeöffnung zusammennähen und durch diese wenden. Mit Matratzenstich schließen.

4 Für den Stiel gemäß Schnittmuster
das Stoffteil r-a-r falten und die Längsseite
und eine kurze Seite nähen. Den Stiel wenden und stopfen.

5 Mit einer Stricknadel ein Loch mittig
in den Kürbisdeckel vorbohren, den Stiel
durchstecken und mit ein paar Stichen
von Hand befestigen. Das Grünzeug mit
Stiel mit Matratzenstich oder Textilkleber
auf dem Kürbis befestigen.

Blättergirlande
Herbst von seiner schönsten Seite

GRÖSSE
Eichenblatt ca. 11 cm x 5,5 cm
Ahornblatt ca. 10 cm x 10 cm
Buchenblatt ca. 10,5 cm x 5 cm

SCHNITTMUSTER
Seite 127

MATERIAL
- Baumwollstoff in Natur, Hellgrün, Grün-Natur kariert und gestreift, je 15 cm
- Draht, ø 0,8 mm, 3 m
- Volumenvlies H 640 zum Aufbügeln, 15 cm
- Stickgarn in Weiß und Grün

1 Alle Teile gemäß Schnittmuster, pro Blatt 2x, aus den jeweiligen Stoffen mit Ntzg und je 1x aus Volumenvlies ohne Ntzg ausschneiden.

2 Die Teile aus Volumenvlies mittig auf die linke Seite eines Stoffteils bügeln. Je 1 Teil mit und 1 Teil ohne Volumenvlies r-a-r legen, zusammennähen und die Blätter wenden. Die Wendeöffnungen an allen Motiven mit Matratzenstich schließen.

3 Die Blattadern aufsticken.

4 Das eine Drahtende zu einer Spirale drehen. Von diesem Ende aus den Draht 4-5 mal um einen Bleistift wickeln. Anschließend das andere gerade Ende durch einen Blattstängel führen. Wieder ein paar mal um einen Stift wickeln, das nächste Blatt auffädeln und so fortfahren, bis alle Blätter eine Girlande bilden. Am Ende des Drahtes noch eine Aufhängeschlaufe drehen.

Gartenzwerg & Pilze
wie viele Männlein steh'n im Walde?

GRÖSSE
Zwerg ca. 42 cm
Pilze ca. 12 cm, 16 cm, 30 cm

MATERIAL
- Füllwatte

ZWERG
- Baumwollstoff in Hautfarbe, 30 cm
- Baumwollstoff in Natur, 25 cm
- Baumwollstoff in Rot und Grün, je 15 cm
- Baumwollstoff in Rosa-Natur geringelt, 25 cm
- 3 Puppenhaare in Natur, je 15 cm
- Holzknopf in Rot, ø 10 mm
- Metallglocke in Weiß, ø 1 cm
- Metall-Gießkanne in Rot, 5 cm hoch
- Stickgarn in Hellgrün und Schwarz

PILZE
- Baumwollstoff in Natur, 20 cm
- Baumwollstoff in Rot, 25 cm
- Baumwollstoff in Braun-Natur geringelt, 15 cm
- 20 Knöpfe in Weiß, ø 13 mm
- Granulat

SCHNITTMUSTER
Seite 128/129 +
Bogen B (schwarz, Körper),
Bogen B (rosa, Kleidung)

Zwerg

1 Für den Körper alle Teile gemäß Schnittmuster zuschneiden. Die Puppe wird wie das Sommerpüppchen von S. 34/35 genäht. Die Beine werden aus Rosa geringeltem Stoff in einem Stück r-a-r zusammengenäht.

2 Für die Kleidung alle Teile gemäß Schnittmuster zuschneiden. Für das Hemd das Belegteil r-a-r auf die Halsausschnittkante des VT nähen, nach innen legen und knappkantig feststeppen. Die beiden RT an der Schulter r-a-r auf das VT nähen. Die Halsausschnittkante des RT versäubern, die Ntzg nach innen schlagen und feststeppen. Die Ärmel r-a-r in die Armausschnitte einpassen. Die unteren Ärmelkanten versäubern, die Ntzg nach innen schlagen und festnähen. Die Ärmel-und Seitennähte schließen. Den unteren Hemdensaum versäubern, die Ntzg nach innen schlagen und feststeppen. Das Hemd anziehen, die Ntzg an der rückwärtigen

Mitte nach innen schlagen und die Mittelnaht mit Matratzenstich schließen.

3 Für die Schürze die Kanten des oberen und unteren Schürzenteils versäubern. Am oberen Schürzenteil die seitlichen und die obere Ntzg, beim unteren Schürzenteil die seitlichen und die untere Ntzg nach innen schlagen und feststeppen. Die beiden Teile r-a-r gemäß Markierungen aufeinander legen und zusammensteppen. Die Ntzg nach unten legen und feststeppen. An den Bindebändern die Nahtzugaben nach innen legen, die Bänder der Länge nach mittig falten und in der Mitte der Bänder steppen. Gemäß Markierungen an der Schürze befestigen. Für die Tasche die beiden Teile r-a-r zusammennähen. Dabei die gerade Kante offen lassen. Die Tasche wenden. Die Ntzg der Wendeöffnung nach innen schlagen und mit Matratzenstich schließen. Die Blätter und den Stiel aufsticken und den Holzknopf als Blüte annähen. Die Tasche mit Matratzenstich auf der Schürze fixieren.

4 Für die Schuhe jeweils die beiden Schuhteile r-a-r an der vorderen Kante entlang zusammennähen. Die Ntzg an der oberen Kante versäubern, nach innen schlagen und feststeppen. Die Sohle einpassen und die hintere Schuhnaht schließen.

5 Für die Mütze die untere Saumkante versäubern, die Ntzg nach innen schlagen und feststeppen. Das Mützenteil an der Stoffbruchlinie entlang so falten, dass die rechte Seite innen liegt. Die Mützennaht schließen und die Mütze wenden. Die Glocke annähen. Die Mütze mit ein paar Stichen am Kopf des Zwerges fixieren. Das Halstuch unversäubert und etwas ausgefranst um den Hals binden.

Fliegenpilze

1 Alle Teile gemäß Schnittmuster zuschneiden. Jeweils die 4 oberen und unteren Pilzhutteile zu einer Scheibe zusammennähen. Diese beiden Scheiben r-a-r zusammensteppen. Dabei etwa ein halbes Pilzhutsegment als Wendeöffnung offen lassen. Den Pilzhut wenden, ausstopfen und mit Matratzenstich schließen. Die Pilzhüte nicht zu fest stopfen, da sie sonst zu schwer werden.

2 Die 4 Teile für den Pilzfuß an den Längsseiten zusammennähen. Die Standfläche einpassen und den Fuß schließen. Den Pilzfuß wenden, etwas Granulat zum Beschweren einfüllen und den Rest mit Füllwatte ausstopfen. Das obere Ende des Fußes mit Matratzenstich mittig an das untere Hutteil nähen.

3 Die Knöpfe gemäß Abbildung (12 auf dem großen, 8 auf dem mittleren Pilz) anbringen.

Schnurrekatze
für Tür und Fenster und alle Ritzen

GRÖSSE
ca. 23 cm hoch, 90 cm lang

MATERIAL
- Fleece in Weiß, 50 cm
- Baumwollstoff in Hellblau, 25 cm
- Baumwollstoff in Hellblau-Natur kariert, 20 cm
- Baumwollstoff in Hellblau-Natur geringelt, Rest
- Filz in Dunkelgrau, Rest
- 2 Knöpfe in Weiß, ø 10 mm
- 2 Knöpfe in Grau, ø 6 mm
- Sternzwirn in Schwarz
- Füllwatte
- Granulat
- UHU Alleskleber

SCHNITTMUSTER
Bogen B (dunkelblau)

1 Alle Teile gemäß Schnittmuster zuschneiden. Für die Hosenträger 2 Streifen von 4 cm x 12 cm zuschneiden. Für den Latz die 2 Latzteile r-a-r zusammennähen. Dabei die untere Kante als Wendeöffnung offen lassen. Den Latz wenden und die Nähte doppelt absteppen. Den Latz gemäß Markierung an das VT der Hose steppen.

2 Für die Hose das vordere und rückwärtige Hosenteil r-a-r an der oberen Kante entlang jeweils bis zum Latz schließen. Die obere Ntzg inklusive der Latz-Ntzg nach unten legen und absteppen. Am rückwärtigen Teil genauso verfahren. Die Hosenträgerstreifen der Länge nach r-a-r falten und an einer kurzen und einer langen Seite zusammennähen. Durch die Öffnung an der kurzen Seite wenden und gemäß Markierung an das rückwärtige Teil der Hose steppen. Den oberen Taschenumbruch versäubern, nach innen schlagen und feststeppen. Die Ntzg der Tasche rundherum nach innen einschlagen und die Tasche auf die Hose steppen. Die beiden Hosenteile r-a-r legen und die untere Hosennaht nähen.

3 Für die Umschläge die Teile jeweils r-a-r zur Runde schließen und an der Umbruchlinie entlang so zusammenlegen, dass die rechte Seite außen liegt. Die offene Seite innerhalb der Ntzg zusammensteppen, damit nichts verrutschen kann. Die Umschläge r-a-r so über die Hosenbeine ziehen, dass die offenen Kanten übereinander liegen. Die Umschläge an die Hosenbeine nähen. Die Ntzg nach innen schlagen und feststeppen. Die Umschläge nach außen krempeln. Mit ein paar Stichen von Hand an der Unterseite fixieren.

4 Für den Körper der Katze je ein kariertes und ein weißes Ohrteil r-a-r zusammennähen. Unten offen lassen und durch diese Öffnung wenden. Die beiden Kopfteile r-a-r zusammennähen und dabei die Ohren gemäß Markierung mitfassen. Darauf achten, dass die Ohren dafür im Kopf liegen müssen. Den Kopf durch die Wendeöffnung wenden und ausstopfen. Die Öffnung mit Matratzenstich schließen.

5 Die Nase aufkleben. Die Knöpfe als Augen annähen und die Schnauzenlinie mit Sternzwirn aufsticken. Für die Barthaare je einen Sternzwirn (ca. 12 cm lang) einziehen und verknoten. Eventuell auf die gewünschte Länge kürzen. Die Bäckchen mit Buntstift einfärben.

6 Je 2 Armteile r-a-r aufeinander steppen. Die Arme durch die Wendeöffnung wenden und die Hände leicht stopfen. Die Öffnungen mit Matratzenstich schließen. Die Krallen aufsticken.

7 Die beiden Körper-Bein-Teile r-a-r zusammennähen. Dabei an einem Bein die Wendeöffnung an der Unterseite offen lassen. Den Körper wenden. Ca. 250 g Granulat in das eine Bein einrieseln lassen. Das Bein bis zum Körper mit Füllwatte stopfen. Die Hose über den Körper ziehen. Nun den Körper komplett stopfen. Dabei auch für das zweite Bein Granulat verwenden. Den Körper nur fest mit Füllwatte stopfen. Die Wendeöffnung des Körpers mit ein paar Stichen schließen.

8 Die Hosenträger über den Körper nach vorne führen und zusammen mit den Knöpfen an den Latz nähen. Die Arme links und rechts gemäß Markierung mit ein paar Stichen am Körper fixieren. Den Kopf mit Matratzenstich auf dem Hals festnähen.

... Tipp

Sie können den Körper der Katze der Länge des Fensters anpassen, indem Sie die Beine und entsprechend die Hosenbeine verlängern oder kürzen.

| 61

Schön und praktisch
Stoffbezug für einen Korb

GRÖSSE

Korb 20 cm x 31 cm x 31 cm

MATERIAL

- Baumwollstoff in Weiß mit blauen Tupfen-Blümchen, 55 cm
- Baumwollstoff in Blau mit weißen Kringeln, 14 cm
- Pompon-Borte in Weiß, 126 cm
- Korb, 20 cm x 31 cm x 31 cm

1 Für den Boden ein Quadrat 33 cm x 33 cm (inkl. 1 cm Ntzg), für die Seite einen Streifen 126 cm x 22 cm (inkl. 1 cm Ntzg) und für den Rand einen Streifen 126 cm x 14 cm (inkl. 1 cm Ntzg) zuschneiden.

2 Den Seitenstreifen der Länge nach links auf links zusammenlegen (rechte Seite liegt außen) und die Kante bügeln. Die offene Längsseite innerhalb der Ntzg zusammennähen, damit nichts verrutschen kann. Die Pompon-Borte so auf die gebügelte Kante steppen, dass die Pompons frei hängen. Den Randstreifen r-a-r an eine Längsseite des Seitenstreifens nähen. Die Ntzg in Richtung Seitenstreifen bügeln und knappkantig feststeppen.

3 Den Seitenstreifen r-a-r rund um das Bodenquadrat nähen und die offene Seitenkante ebenfalls r-a-r zusammensteppen. Den Korbbezug in den Korb legen und den Randstreifen über den Rand des Korbes nach außen umschlagen.

... Tipp

Verfahren Sie folgendermaßen, wenn Sie einen Korb mit anderen Maßen benähen möchten: Den Boden des Korbes ausmessen und Stoff entsprechend (+ 1 cm Ntzg rundherum) zuschneiden. Für den Seitenstreifen brauchen Sie den Umfang Ihres Korbes und die Höhe. Diese beiden Maße ergeben (+ 1 cm Ntzg rundherum) die Größe des Seitenstreifens. Der Randstreifen hat die gleiche Länge wie der Seitenstreifen. Die Höhe des Randstreifens können Sie beliebig wählen. Empfehlenswert ist ca. $\frac{1}{3}$ der Höhe des Korbes (+ 1 cm Ntzg oben und unten). Nähen Sie den Korb wie oben beschrieben.

Kuscheldecke
für gemütliche Stunden

GRÖSSE
ca. 1,15 m x 1,75 m

MATERIAL
- Baumwollstoff (1) in Rosa, 40 cm
- Baumwollstoff (2) in Weiß mit roten Tupfen, 40 cm
- Baumwollstoff (3) in Weiß mit roten und rosafarbenen Streifen, 40 cm
- Baumwollstoff (4) in Weiß mit Blümchen in Kringeln, 40 cm
- Baumwollstoff (5) in Grün-Weiß kariert, 40 cm
- Baumwollstoff (6) in Rosa-Weiß gestreift, 40 cm
- Baumwollstoff in Hellgrün, 30 cm x 30 cm
- Baumwollstoff in Braun mit weiß-rosafarbenen Kringeln, Rest
- Baumwollstoff in Rosa-Weiß kariert, Rest
- Baumwollstoff in Pink, Rest
- Baumwoll-Fleece in Weiß (Rückseite Decke), 1,80 m
- Zackenlitze in Rosa, 1,15 m und in Weiß, 40 cm
- Schrägband in Rosa mit roten Tupfen, 5,90 m
- Stickgarn in Weiß, Rosa und Dunkelrot

SCHNITTMUSTER
Bogen A (dunkelgrün)

1 Alle Teile für die Applikationen (die beiden Muffins und die runde hellgrüne Fläche für die „Home Sweet Home"-Stickerei) gemäß Schnittmuster ohne Ntzg zuschneiden. Dafür die Hinweise auf S. 135 beachten. Die Baumwollstoffe folgendermaßen zuschneiden (alle Maße inkl. 1 cm Ntzg): Rosa 2x 37 cm x 37 cm, Weiß mit roten Tupfen 3x 37 cm x 37 cm und 2x 37 cm x 19,5 cm, Weiß mit roten und rosafarbenen Streifen 2x 47 cm x 37 cm und 2x 7 cm x 37 cm, Weiß mit Blümchen in Kringeln 2x 47 cm x 37 cm, Grün-Weiß kariert 4x 19,5 cm x 37 cm und 2x 37 cm x 19,5 cm, Rosa-Weiß gestreift 2x 19,5 cm x 37 cm und 2x 37 cm x 19,5 cm.

2 Die Einzelteile der Muffins ca. 10 cm vom unteren Rand entfernt mittig auf die rosafarbenen Quadrate bügeln. Die Zackenlitzenverzierungen aufsteppen und die einzelnen Teile jeweils mit farblich passendem Nähgarn applizieren. Dabei darauf achten, dass die Enden der Zackenlitzen mitgefasst werden. Die Punkte mit Stickgarn gemäß Schnittmuster im Plattstich aufsticken. Den grünen Kreis mittig auf das weiß-rot getupfte Quadrat bügeln. Die Zackenlitze rundherum aufsteppen, sodass der Rand des Kreises von der Litze verdeckt wird. Gemäß Schnittmuster die Schrift im Stielstich und die Punkte im Plattstich aufsticken.

3 Die einzelnen Rechtecke gemäß Schema auf dem Schnittmusterbogen zuerst r-a-r zu den waagrechten Streifen zusammennähen und die Ntzg feststeppen. Anschließend die Streifen ebenfalls r-a-r zur Decke zusammensetzen und die Ntzg steppen. Den Baumwoll-Fleece für die Rückseite und die Vorderseite der Kuscheldecke so aufeinanderlegen, dass die beiden linken Seiten der Stoffe innen liegen. Rundherum innerhalb der Ntzg mit Zick-Zack-Stich zusammennähen, damit nichts verrutschen kann.

4 Die Kanten der Decke mit Schrägband versäubern. Dabei zuerst zwei gegenüberliegende Kanten einfassen. Hierbei müssen die Enden des Schrägbandes nicht nach innen eingeschlagen werden. Anschließend die beiden übrigen Kanten mit Schrägband versäubern und dabei darauf achten, dass die Schrägbandenden jetzt eingeschlagen werden müssen.

Herbstpüppchen
Johann macht es sich gemütlich

GRÖSSE
ca. 42 cm

MATERIAL
- Baumwollstoff in Hautfarbe und Natur-Rot gestreift, je 30 cm
- Fleece in Rot, 20 cm
- Baumwollstoff in Anthrazit und Natur, Rest
- Stickgarn in Weiß, Rot und Schwarz
- Puppenhaare in Natur, 10 cm x 10 cm
- Füllwatte

SCHNITT-MUSTER
Bogen B (schwarz, Körper),
Bogen B (orange, Kleidung)

Körper

1 Alle Teile gemäß Schnittmuster zuschneiden. Die Puppe wird wie das Sommerpüppchen von S. 34/35 genäht. Da diese Puppe angenähte Schuhe hat, bei den Schuhen die vordere Mittelnaht schließen, danach die Schuhe an die Beine nähen.

Kleidung

1 Alle Teile gemäß Schnittmuster zuschneiden.

2 Für den Pullover die beiden RT an der Schulter r-a-r auf das VT nähen. Die Ntzg an der Halsausschnittkante nach innen schlagen und von Hand oder mit der Nähmaschine festnähen. Die Ärmel r-a-r in die Armausschnitte einpassen. Die Ärmel- und Seitennähte schließen. Die Ntzg der unteren Ärmelkanten nach innen schlagen und gemäß Abbildung mit Vorstichen und Stickgarn in Weiß festnähen. Beim unteren Pulloversaum genauso verfahren. Den Pullover anziehen, die Ntzg der rückwärtigen Mitte nach innen schlagen und die Mittelnaht mit Matratzenstich schließen.

3 Für die Hose die Kanten an den oberen und unteren Säumen versäubern, die Ntzg nach innen schlagen und feststeppen. Je 2 Hosenteile r-a-r an den Seitennähten zusammennähen. Ein Hosenbein wenden und so in das andere Hosenbein schieben, dass die Hosenmittelnähte übereinander liegen. Diese schließen und die Hose wenden. Die Hose anziehen und mit ein paar Stichen an der Puppe befestigen.

4 Beim Halstuch die Ntzg nach innen schlagen und gemäß Abbildung mit Kreuzstichen (siehe S. 139) und Stickgarn in Rot festnähen.

  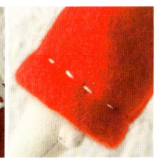

Bequeme Hausschuhe

nicht nur für Gäste

GRÖSSE
37-39

MATERIAL

- Baumwollstoff in Weiß bzw. Weiß-Rosa gemustert, 15 cm
- Baumwollstoff in Weiß-Rosa bzw. Weiß-Rosa-Rot gemustert, 20 cm
- Schrägband in Rot bzw. Rosa getupft, 1,65 m
- Volumenvlies H 630 (zum Aufbügeln), 100 cm breit, 20 cm
- Vliesofix, 100 cm breit, 20 cm

SCHNITT-MUSTER
Seite 131

1 Aus dem Baumwollstoff für die Sohlen zwei Streifen mit je 60 cm Länge und aus dem Baumwollstoff für die oberen Schuhteile zwei Streifen mit je 40 cm Länge zuschneiden. Jeweils auf die Rückseite des einen Streifens für die Sohlen einen passenden Streifen Volumenvlies, auf die Rückseite des anderen einen passenden Streifen Vliesofix bügeln. Mit den Streifen für die oberen Schuhteile genauso verfahren.

2 Die beiden mit Vliesofix verstärkten Stoffstreifen auf die entsprechenden mit Volumenvlies verstärkten Streifen bügeln, die Stoffseiten liegen dabei außen. Alle Teile gemäß Schnittmuster zuschneiden, dabei die Angaben für die Ntzg beachten.

3 Die Abschlusskante der beiden oberen Schuhteile mit Schrägband einfassen. Die oberen Schuhteile mit Stecknadeln an die Sohle stecken. Dafür jeweils an der Markierung in der Mitte der Schuhteile beginnen und zu den beiden Seiten hin arbeiten. Ca. 0,5 cm vom Rand entfernt zusammensteppen. Die komplette Schuhsohle mit Schrägband einfassen, dabei hinten in der Mitte beginnen und beachten, dass der Anfang des Schrägbandes ca. 1 cm nach innen eingeschlagen festgesteppt wird.

... Tipp

Möchten Sie eine etwas stabilere Sohle für Ihre Hausschuhe? Dann verwenden Sie für die Unterseite der Sohle einen festen Filz oder bestreichen Sie nach der Fertigstellung Ihrer Hausschuhe die Unterseite der Sohle mit flüssigem Kautschuk.

Winter

Durch tief verschneite Wälder stapfen, in der Sonne glitzernde Landschaften – so präsentiert sich der Winter in seiner schönsten Form. Wenn endlich der erste Schnee fällt, dauert es nicht lange, bis uns die Lust, Schneemänner zu bauen, packt. Nach dem Herumtollen im Schnee schmeckt der Tee am liebevoll mit selbst genähten Tischsets gedeckten Tisch noch einmal so gut. Und der kleine Schneemann im Zinnpott, der vom Fensterbrett aus zusieht, macht in der weiß verschneiten Landschaft seinem Namen alle Ehre! Wenn es draußen so richtig kalt ist, versteht man Siggi die Schlafmütze gleich noch mal so gut, warum er den ganzen Tag im Nachthemd zu Hause sitzt und es sich gemütlich macht.

Kissen
Schneemann mit Rübennase

GRÖSSE
ca. 40 cm x 40 cm

MATERIAL
- Baumwollstoff in Natur, 7,5 cm
- Baumwollstoff in Hellblau mit kleinen weißen Punkten, 7,5 cm
- Baumwollstoff in Blau-Natur kariert, 11 cm
- Baumwollstoff in Blau-Natur gestreift, 25 cm
- Baumwollstoff in Orange-Natur kariert, Rest
- Fleece in Natur, Rest
- Zackenlitze in Gelb-Orange, 85 cm
- Vliesofix, Rest
- 2 Knöpfe in Schwarz, ø 6 mm
- 6 Knöpfe in Schwarz, ø 3,5 mm
- 2 Knöpfe in Weiß, ø 1,5 cm (Verschluss)

SCHNITTMUSTER
Bogen A (orange)

1 Die Teile zum Applizieren des Schneemanns gemäß Schnittmuster zuschneiden, dabei die Angaben für die Ntzg des Kopfes beachten. Für die Kissenvorderseite aus Baumwollstoff in Natur und Hellblau mit Punkten Streifen von jeweils 3x 35 cm x 7,5 cm und Blau-Natur kariert 2x 42 cm x 5,5 cm und 2x 35 cm x 5,5 cm zuschneiden. Für die Kissenrückseite aus gestreiftem Baumwollstoff in Blau-Natur 2x 42 cm x 25 cm zuschneiden. Die naturfarbenen und hellblauen Streifen jeweils abwechselnd r-a-r zu einem Quadrat zusammennähen. Die Ntzg versäubern, jeweils in die hellblauen Streifen bügeln und ca. 0,5 cm breit feststeppen.

2 Den Kopf des Schneemanns und die Nase gemäß Abbildung in der linken unteren Ecke aufbügeln und mit engem Zickzackstich applizieren. Jeweils r-a-r die beiden kürzeren blau-natur karierten Streifen links und rechts an das Quadrat und anschließend die beiden längeren Streifen oben und unten an das entstandene Rechteck nähen. Die Zackenlitze halbieren und jeweils gemäß Abbildung direkt auf die Nähte steppen.

3 Die Knöpfe für Augen und Mund annähen. Für die Kissenrückseite jeweils eine lange Kante an den beiden Streifen mit einem 2 cm breiten Doppelsaum versehen. Auf einem Kissen-RT jeweils 14 cm vom Rand entfernt die Knöpfe befestigen und auf dem anderen Kissen-RT entsprechend die Knopflöcher nähen. Die beiden Kissen-RT r-a-r so auf das vordere Kissenteil nähen, dass die Knopflochleiste mit den Knopflöchern unter der Knopfleiste mit den Knöpfen zu liegen kommt. Das Kissen wenden.

Zwei Engel
auf dem Weg zur Erde

GRÖSSE

ca. 18 cm und 28 cm

MATERIAL

- Baumwollstoff in Rosa-Natur geringelt, 20 cm
- Baumwollstoff in Natur, 15 cm
- Baumwollstoff in Rosa-Natur kariert, 5 cm
- Baumwollstoff in Hautfarbe, 10 cm
- Volumenvlies H 640 zum Aufbügeln, 15 cm
- 4 Puppenhaare in Natur, je 15 cm
- 6 Puppenhaare in Dunkelbraun, je 15 cm
- 2 Knöpfe in Rosa, ø 9 mm
- 2 Knöpfe in Pink, ø 9 mm
- 5 Herzchenknöpfe in Rosa, ø 5 mm
- Holzherz in Rosa, 4 cm hoch
- Holzstern in Weiß, 3 cm
- Draht in Weiß, ø 0,5 mm, 2x 15 cm
- Stickgarn in Schwarz und Pink
- Perlgarn in Weiß
- Nähgarn in Natur

SCHNITTMUSTER

Bogen B (flieder)

Zuschnitt

1 Alle Teile gemäß Schnittmuster aus den jeweiligen Stoffen mit Ntzg und je 1x ohne Ntzg aus Volumenvlies ausschneiden.

2 Für die Rüschen jeweils aus kariertem und weißem Baumwollstoff einen Streifen 35 cm x 5 cm zuschneiden inkl. 1 cm Ntzg.

Stehender Engel

1 Die Teile aus Volumenvlies mittig auf die linke Seite eines Stoffteils bügeln. Alle Handteile r-a-r an die Armteile nähen. Alle Einzelteile (Arme, Beine, Körper, Kopf und Flügel) wie folgt zusammennähen: Je 1 Stoffteil mit und 1 Teil ohne Volumenvlies r-a-r legen, zusammennähen und die Teile wenden. Die Wendeöffnungen der Arme und des Kopfes mit Matratzenstich schließen. Alle anderen Teile bleiben vorerst offen.

2 Die beiden Stoffstreifen für die Rüschen r-a-r zur Runde schließen und der Länge nach mittig so falten, dass die rechte Seite außen liegt. Innerhalb der Ntzg zusammensteppen, damit nichts verrutschen kann. Auf der zusammengesteppten Seite bis auf Körperbreite rundherum einkräuseln. Die Rüsche r-a-r so über den Körper schieben, dass die beiden offenen Kanten übereinander liegen.

3 Die Beine gemäß Markierung auf das VT legen und beim Zusammensteppen mitfassen. Die Ntzg nach innen in den Körper legen und die Wendeöffnung mit Matratzenstich schließen. Das Gesicht aufsticken und die Bäckchen aufmalen. Das Nasenteil einkräuseln, etwas stopfen und zusammenziehen. Mit Matratzenstich auf das Gesicht nähen.

4 Den Kopf auf dem Körper und die Flügel hinter dem Körper befestigen. Hierfür die Teile mit ein paar Stichen zusammennähen oder festkleben. Die Arme mit den Knöpfen an den Körper nähen. Die Haare mit ein paar Stichen am Kopf annähen und mit Schleifen zu Zöpfen binden.

5 Hinten am Hals einen Nähfaden als Aufhängung anbringen. Den Holzstern auf den Draht auffädeln und den Draht um einen Bleistift herum zu einer Spirale drehen. Die Enden jeweils durch eine Hand führen und auf der anderen Seite mit Hilfe einer Zange zu einer Schlaufe biegen.

Fliegender Engel

1 Die Teile aus Volumenvlies mittig auf die linke Seite eines Stoffteils bügeln. Alle Handteile r-a-r an die Armteile nähen. Alle Einzelteile (Arme, Beine, Körper, Kopf und Flügel) wie folgt zusammennähen: Je 1 Stoffteil mit und 1 Teil ohne Volumenvlies r-a-r legen, zusammennähen und die Teile wenden. Die Wendeöffnungen der Arme und des Kopfes mit Matratzenstich schließen. Alle anderen Teile bleiben vorerst offen.

2 Die beiden Stoffstreifen für die Rüschen r-a-r zur Runde schließen und der Länge nach mittig so falten, dass die rechte Seite außen liegt. Innerhalb der Ntzg zusammensteppen, damit nichts verrutschen kann. Auf der zusammengesteppten Seite bis auf Körperbreite rundherum einkräuseln. Die Rüsche r-a-r so über den Körper schieben, dass die beiden offenen Kanten übereinander liegen.

3 Die Beine gemäß Markierung auf das VT legen und beim Zusammensteppen mitfassen. Auch die Flügel gemäß Markierung zwischen den beiden Körperteilen mitfassen. Die Ntzg nach innen in den Körper legen und die Wendeöffnung mit Matratzenstich schließen. Die Flügel mit Stickgarn in Pink umsticken. Das Gesicht aufsticken und die Bäckchen aufmalen. Das Nasenteil einkräuseln, etwas stopfen und zusammenziehen. Mit Matratzenstich auf das Gesicht nähen.

4 Den Kopf auf dem Körper befestigen. Hierfür die Teile mit ein paar Stichen zusammennähen oder festkleben. Die Arme mit den Knöpfen an den Körper nähen. Die Haare mit ein paar Stichen am Kopf annähen und mit Schleifen zu Zöpfen binden.

5 Die Aufhängung zwischen den Flügeln befestigen. Das Holzherz befestigen wie oben beim Stern beschrieben.

Tischset Schneemann
winterlich angerichtet

GRÖSSE
ca. 45 cm x 36 cm

MATERIAL
- Baumwollstoff in Natur, 35 cm
- Baumwollstoff in Hellblau-Natur kariert, 15 cm
- Baumwollstoff in Rot-Beige kariert, 20 cm x 7 cm (inkl. je 1 cm Ntzg)
- Baumwollstoff in Orange und Schwarz meliert, Reste
- Fleece in Natur, 10 cm
- Vliesofix, 10 cm
- Stickgarn in Hellblau und Schwarz
- 3 Knöpfe in Schwarz, ø 1,1 cm

SCHNITTMUSTER
Bogen A (gelb)

1 Alle Teile für die Applikation gemäß Schnittmuster zuschneiden. Zusätzlich für das Tischset aus naturfarbenem Baumwollstoff zwei Teile 41 cm x 32 cm (inkl. Ntzg) und für den Rand je vier Streifen 47 cm x 5 cm und 38 cm x 5 cm (inkl. Ntzg) zuschneiden. Die Randstreifen r-a-r an den naturfarbenen Stoff nähen. Für die schrägen Ecken die Randstreifen an den Ecken r-a-r so aufeinanderlegen, dass die Kanten genau übereinander liegen. Mit einem Geodreieck von der inneren Ecke am naturfarbenen Stoff ausgehend im 45 Grad-Winkel eine Linie anzeichnen. Auf dieser Linie entlang die beiden Randstreifen zusammennähen, wenden und die Ntzg auseinanderbügeln.

2 Die Einzelteile des Schneemanns nacheinander aufbügeln und applizieren. Die Augen, den Mund, die Sterne und die Schrift aufsticken. Für den Schal die beiden Teile r-a-r zusammennähen und eine Wendeöffnung lassen. Den Schal wenden und die Öffnung mit Matratzenstich schließen. Den Schal in der Mitte falten und mit Matratzenstich am Hals des Schneemanns befestigen. Die Knöpfe annähen.

3 Die beiden Tischsetteile r-a-r zusammennähen und dabei an einer Seite eine ca. 15 cm große Wendeöffnung offen lassen. Durch diese das Tischset wenden und die Öffnung mit Matratzenstich schließen.

Winterschaf Herr Bock
mir ist soooo kalt

GRÖSSE
ca. 45 cm

MATERIAL
- Baumwollstoff in Graumeliert, 20 cm
- Baumwollstoff in Grau-Schwarz geringelt, 10 cm
- Baumwollstoff in Natur, 45 cm x 5,5 cm
- Baumwollstoff in Rot mit beigefarbenen Punkten, 10 cm
- Baumwoll-Langhaarplüsch in Natur, 20 cm
- Fleece in Natur, 10 cm
- Wollfilz in Dunkelbraun, 15 cm
- Filz in Natur, Rest (Augenscheiben)
- 4 Holz-Knöpfe, ø 8 mm
- 2 Rocailles in Schwarz, ø 3 mm
- Stickgarn in Dunkelbraun
- Scoubidouband in Weiß, ø 6 cm
- Draht, ø 0,8 mm, 6 cm
- Bleigranulat
- Füllwatte
- Rundholz, ø 1 cm, 2x 34 cm
- Heißkleber
- Holzstift in Rot

SCHNITTMUSTER
Bogen A (braun)

1 Alle Teile gemäß Schnittmuster zuschneiden. Zusätzlich aus rotem Baumwollstoff für den Besatz der Handschuhe 4x 6,5 cm x 5 cm und für den Schal 1x 45 cm x 5,5 cm (jeweils inkl. 1 cm Ntzg) zuschneiden. Aus Baumwollstoff in Natur für die Schal-Innenseite 1x 45 cm x 5,5 cm (inkl. 1 cm Ntzg) zuschneiden. Je zwei Schuhteile an der vorderen Naht r-a-r zusammennähen. Die Beine r-a-r an die obere Kante der Schuhe nähen. Die Beine und Schuhe an der hinteren Naht zusammensteppen. Die Sohle in die Schuhe einpassen. Die Beine wenden. Die Knöpfe auf den Schuhen befestigen. Das Bleigranulat bis kurz vor den Schaft in die Schuhe füllen und die Holzstäbe hineinschieben.

2 Die beiden Körperteile bis auf die Wendeöffnung zusammensteppen und wenden. Den Körper mit Füllwatte stopfen und die Stäbe mit den Beinen von unten her in den Körper schieben. Die Öffnung im Körper mit Matratzenstich schließen und dabei die Beine mit fixieren. Je zwei Armteile r-a-r zusammennähen und wenden. Die Arme stopfen und die Wendeöffnung schließen. Die Arme am Körper befestigen. Dafür einen reißfesten Faden an der Innenseite eines Arms befestigen. Mit einer langen Nadel zuerst durch den Arm auf die Außenseite, dann durch den Arm und den Körper stechen. Den zweiten Arm von der Innen- auf die Außenseite durchstechen und anschließend wieder von außen durch den Arm und den Körper. Den Faden fest anziehen und damit die Schultern etwas zusammenziehen.

3 Je ein Handschuh-Besatzstück der Länge nach so falten, dass die rechte Seite außen liegt und r-a-r an die Oberkante eines Handschuhteils nähen. Jeweils zwei Handschuhteile r-a-r zusammennähen, wenden und über die Arme ziehen. Die Handschuhe eventuell fixieren. Je zwei Ohrteile r-a-r zusammennähen und wenden. An der offenen Seite die Ecken zur Mitte schlagen und mit Zickzackstich fixieren. Die beiden Kopfteile r-a-r zusammennähen. Dabei die Ohren mitfassen. Den Kopf wenden, stopfen und die Wendeöffnung mit Matratzenstich schließen.

4 Die Nasenlöcher aufsticken. Die Augen anbringen. Dafür beim Annähen der Augen die Filzkreise unterlegen. Den Kopf am Körper fixieren. Für die Ohrschützer die beiden Teile jeweils gemäß Markierung einkräuseln und mit Füllwatte stopfen. Den Faden zusammenziehen und verknoten. Den Draht in das Scoubidouband schieben und von hinten an den Ohrschützern festkleben. Die Ohrschützer komplett auf dem Kopf fixieren. Die beiden Schalteile r-a-r bis auf eine schmale Seite als Wendeöffnung zusammennähen. Den Schal wenden, die Ntzg an der Wendeöffnung nach innen schlagen und mit Matratzenstich schließen. Den Schal umbinden. Die Wangen mit einem roten Holzstift aufmalen.

Siggi, die Schlafmütze
wünscht süße Träume

GRÖSSE
ca. 42 cm

MATERIAL
- Baumwollstoff in Hautfarbe, 30 cm
- Baumwollstoff in Hellblau-Weiß gestreift, 30 cm
- Baumwollstoff in Weiß, 20 cm
- Baumwollstoff in Rot mit weißen Tupfen, Rest
- Filz in Blau, Rest
- Vliesofix, Rest
- 2 Pompons in Weiß, ø 1,5 cm
- Metall-Glöckchen in Rot, ø 1,5 cm
- Mini-Bär, 6 cm
- Stickgarn in Blau und Schwarz

SCHNITTMUSTER
Bogen B (schwarz, Körper),
Bogen B (oliv, Kleidung)

Körper

Das Schlafmützen-Püppchen nähen wie beim Sommerpüppchen auf S. 34/35 beschrieben.

Kleidung

1 Alle Teile gemäß Schnittmuster zuschneiden. Für die Herzchen-Applikation die Hinweise auf S. 135 beachten. Das Herzchen gemäß Schnittmuster auf das Nachthemden-Vorderteil applizieren. Für das Nachthemd die beiden Rückenteile an der Schulter r-a-r auf das Vorderteil nähen. Für den Kragen jeweils zwei Kragenteile r-a-r zusammennähen. Dabei den Halsausschnittansatz offen lassen und die beiden Kragenteile durch diese Öffnung wenden. Diese r-a-r so an die Halsausschnittkante nähen, dass die beiden Kragenteile in der Mitte des Nachthemden-Vorderteils zusammenstoßen. Die Ntzg umlegen und knappkantig unterhalb des Kragens feststeppen.

2 Die Ärmel r-a-r in die Armausschnitte einpassen. Die unteren Ärmelkanten versäubern, die Ntzg nach innen schlagen und festnähen. Die Ärmel- und Seitennähte schließen. Den unteren Nachthemdensaum versäubern, die Ntzg nach innen schlagen und feststeppen. Das Hemd anziehen, die Ntzg an der rückwärtigen Mitte nach innen schlagen und die Mittelnaht mit Matratzenstich schließen. Für die Mütze die untere Saumkante versäubern, die Ntzg nach innen schlagen und feststeppen. Das Mützenteil an der Stoffbruchlinie entlang so falten, dass die rechte Seite innen liegt. Die Mützennaht schließen und die Mütze wenden. Die Glocke annähen. Die Mütze mit ein paar Stichen am Kopf des Schlafmützen-Püppchens fixieren.

3 Für die Hausschuhe den Abnäher im oberen Schuhteil nähen. Dafür das Teil r-a-r so zusammenlegen, dass die beiden Nähte des Abnähers aufeinanderliegen. Das Schuhteil mit Überwendlingstich gemäß Markierung mit Stickgarn an die Sohle nähen. Die Pompons mittig darauf befestigen. Den Bär an der Hand des Püppchens befestigen.

Dicker Schneemann

galanter Türstopper

GRÖSSE

ca. 40 cm

MATERIAL

- Fleece in Natur, 60 cm
- Fleece in Rot, 25 cm
- Baumwollstoff in Natur-Rot gestreift, 45 cm
- Frottee in Orange, Rest
- Baumwollstoff in Natur-Rot geringelt, Rest
- 7 Knöpfe in Schwarz, ø 4 mm
- Füllwatte
- Granulat, 500 g
- Buntstift in Rot

SCHNITTMUSTER

Bogen B (rot)

1 Alle Teile gemäß Schnittmuster zuschneiden. Für die Krempe der Mütze einen Streifen von 52 cm x 10 cm (inkl. 1 cm Ntzg) zuschneiden. Für den Schal einen Streifen 12 cm x 120 cm zuschneiden.

2 Für den Schnitt des Seitenteils die beiden Teile an der Markierung zusammensetzen und das Seitenteil im Stoffbruch zuschneiden. Für den Schneemann den Seitenstreifen zwischen VT und RT nähen. Dafür den Seitenstreifen jeweils r-a-r an die beiden Teile steppen. Die Standfläche ebenfalls r-a-r in die untere Bodenöffnung des Schneemanns einpassen. Dabei die Wendeöffnung offen lassen. Den Schneemann wenden, ausstopfen und ganz zum Schluss das Granulat einfüllen. Die Öffnung mit Matratzenstich schließen.

3 Für die Nase aus Frottee das Nasenteil entlang der Stoffbruchlinie so falten, dass die rechte Seite innen liegt. Die Nase zusammennähen, wenden und ausstopfen. Mit Matratzenstich gemäß Markierung am Kopf anbringen. Die Knöpfe als Augen und Mund aufnähen.

4 Die beiden gestreiften Mützenteile an einer Seitennaht r-a-r zusammennähen. Für die Krempe den Streifen aus rotem Fleece der Länge nach in der Mitte so falten, dass die linke Seite innen liegt. Die offene Längsseite innerhalb der Ntzg zusammensteppen, damit nichts verrutschen kann. Diese Seite r-a-r auf die untere Saumkante des Mützenteils nähen. Die Mütze r-a-r zusammenlegen und entlang der Seitennaht von Mütze und Krempe zusammennähen. Die Mütze wenden und die Krempe nach außen umschlagen. Die Mütze aufsetzen, eventuell mit ein paar Stichen am Kopf fixieren und den Schal umbinden.

5 Die beiden Herzteile r-a-r zusammennähen, wenden und stopfen. Die Öffnung mit Matratzenstich schließen. Das Herz von hinten mit ein paar Stichen auf dem Knoten des Schals befestigen. Mit dem roten Buntstift die Backen leicht rot einfärben.

Winterliche Deko
Schneemann und Bäume im Zinnpott

GRÖSSE

ca. 26 cm (mit Topf)
ca. 22 cm (ohne Topf)

MATERIAL

- 3-er Set Blumentöpfe aus Zinn, ca. 28 cm x 10 cm
- Baumwollstoff in Grün-Weiß gestreift, 25 cm
- Baumwollstoff in Hellgrün, 25 cm
- Fleece in Natur, 25 cm
- Holz-Knopf Karotte, ca. 2,5 cm
- Stickgarn in Schwarz
- 3 Glöckchen im Antik-Look, 1 cm
- Kordel in Rot-Weiß, ø 2 mm, 2x ca. 90 cm
- Rocailles in Weiß, ø 5 mm, pro Baum ca. 60 Stück = ca. 120 Stück
- Füllwatte

SCHNITTMUSTER

Bogen A (schwarz)

Bäume

1 Alle Teile gemäß Schnittmuster zuschneiden. Dabei darauf achten, dass pro Baum ein Teil aus gestreiftem und ein Teil aus hellgrünem Baumwollstoff und der Boden ebenfalls aus hellgrünem Stoff zugeschnitten werden.

2 Je ein gestreiftes und ein unifarbenes Baumteil r-a-r zusammennähen. Den Boden r-a-r einpassen und bis auf die Wendeöffnung zusteppen. Den Baum wenden, mit Füllwatte stopfen und die Öffnung mit Matratzenstich schließen.

3 Die Kordel spiralförmig um den Baum legen und mit Stecknadeln fixieren. Anschließend mit kleinen Stichen in ca. 3 cm großen Abständen fixieren. Die Perlen gleichmäßig verteilt auf dem Baum befestigen.

Schneemann

1 Alle Teile gemäß Schnittmuster zuschneiden.

2 Die zwei Körperteile r-a-r aneinandernähen. Den Boden r-a-r einpassen und bis auf die Wendeöffnung zusteppen. Den Schneemann wenden, mit Füllwatte stopfen und die Öffnung mit Matratzenstich schließen.

3 Die Glöckchen und die Karotten-Nase annähen. Die Augen und den Mund aufsticken. Für die Haare vier ca. 20 cm lange Stickgarnfäden in den Kopf ziehen und die Enden solange miteinander verknoten, bis der Faden aufgebraucht ist. Darauf achten, dass die Knotenrichtung regelmäßig geändert werden muss.

4 Etwas Füllwatte in die Töpfe legen und den Schneemann und die Bäume in den Zinntöpfen platzieren.

Weihnachten

Ob man nun an das Christkind oder den Weihnachtsmann glaubt, die Adventszeit ist doch in jedem Fall die schönste Zeit im Jahr. Das Haus ist toll geschmückt und die Weihnachtsgeschenke waren noch nie so beliebt wie dieses Jahr. Wie wäre es mit einem Nikolaus als Türstopper oder zwei bärtigen Kollegen für einen lieben Freund? Sie könnten sich auch selbst die größte Freude mit einem tollen selbstgenähten Adventskalender machen. Da macht das Warten bis zum 24. Dezember gleich noch viel mehr Freude!

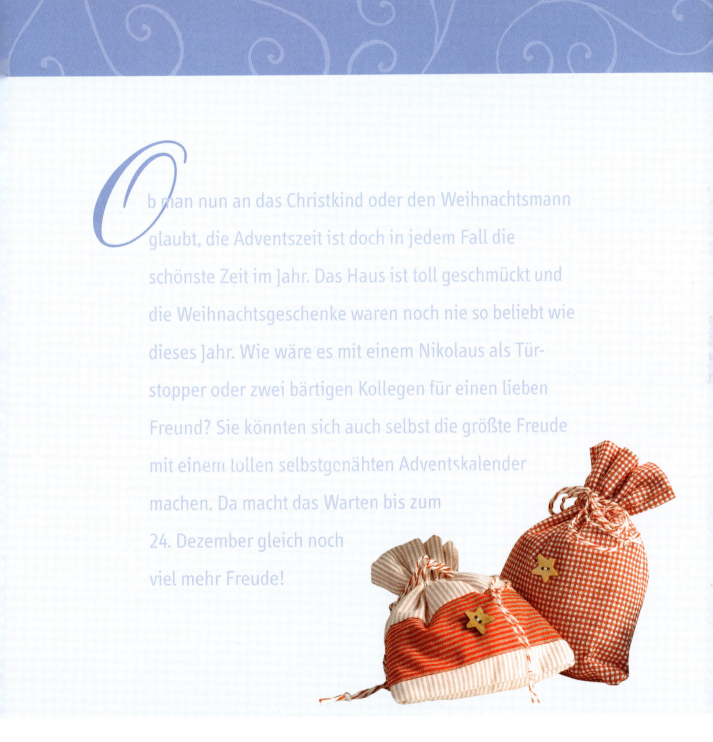

Adventskranz
mit Ilexblättern

GRÖSSE
Kranz ca. 30 cm
Ilex ca. 15 cm

MATERIAL
- Baumwollstoff in Weiß-Grün kariert, 20 cm
- Baumwollstoff in Grün-Weiß gestreift, 20 cm
- Volumenvlies H 630 zum Aufbügeln
- 12 Perlen in Rot, ø 1 cm
- Weidenkranz in Weiß, ø 30 cm
- 4 Kerzen in Rot, ø 4 cm, 9 cm hoch
- 4 Kerzenhalter, ø 5 cm

SCHNITTMUSTER
Seite 127

1 Alle Teile gemäß Schnittmuster je 4x aus Baumwollstoff in Grün-Weiß gestreift und Weiß-Grün kariert zuschneiden. Dabei darauf achten, dass jeweils die Hälfte der Blätter mit Volumenvlies bebügelt zugeschnitten werden.

2 Je ein Teil mit und ein Teil ohne Volumenvlies in der gleichen Farbe r-a-r zusammensteppen, wenden und die Öffnung mit Matratzenstich schließen. Mit reißfestem Faden entlang der Stepplinie mit Vorstichen einkräuseln und die Blätter so zusammenziehen.

3 Je drei Perlen pro Ilex in der Mitte festnähen. Den Ilex und die Kerzenhalter auf dem Kranz befestigen und die Kerzen aufstecken.

... Tipp
Falls Sie keinen weißen Weidenkranz bekommen sollten, können Sie stattdessen einen Naturkranz mit weißem Sprühlack besprühen.

Lustige Wichtelköpfe
Ho, Ho, Ho

GRÖSSE
ca. 15 cm

MATERIAL PRO WICHTELKOPF
- Baumwollstoff in Hautfarbe, 50 cm x 20 cm
- Baumwollstoffe in Weiß-Rot, Weiß-Grün oder Rot-Weiß gestreift, ca. 35 cm x 40 cm oder 70 cm x 20 cm
- Fleece in Natur, 19 cm x 9 cm
- Puppenhaare in Natur, Blond und Rost, je ca. 40 cm x 35 cm
- Füllwatte
- Granulat

SCHNITTMUSTER
Bogen A (hellblau)

1 Alle Teile gemäß Schnittmuster zuschneiden. Zwei Kopfteile r-a-r zusammennähen. Den Boden gemäß Markierung auf dem Schnittmuster einpassen und dabei die Wendeöffnung offen lassen. Den Kopf wenden, mit Füllwatte und unten am Boden mit etwas Granulat ausstopfen und die Öffnung mit Matratzenstich schließen.

2 Für den Bart die Wollfäden in der Mitte falten und mit kleinen Stichen entlang der Stepplinie rundherum im Gesicht fixieren. Die Nase gemäß Markierung einkräuseln, ausstopfen und mit Matratzenstich über dem Bart auf das Gesicht nähen.

3 Für die Mütze zwei Teile r-a-r zusammennähen und wenden. Den weißen Fleecestreifen als Besatz an die Mütze nähen. Dafür die Besatzteile zur Runde schließen und der Länge nach so falten, dass die rechte Seite außen liegt. Die offene Längsseite innerhalb der Ntzg zusammensteppen, damit nichts verrutschen kann. Diese Seite r-a-r auf die untere Saumkante der Mütze nähen. Die Mütze aufsetzen und bis auf Höhe der Nase herunterziehen, damit es den Anschein hat, die Mütze wäre dem Wichtel über die Augen gerutscht.

Noël
es weihnachtet sehr

GRÖSSE
ca. 28 cm

MATERIAL
- Baumwollstoff in Weiß, 1,50 m breit, 50 cm lang
- Baumwollstoff in Weiß-Grün kariert, 40 cm
- Baumwollstoff in Weiß-Grün gestreift, 40 cm
- 6 Herz-Knöpfe, ø 9 mm
- Elch-Knopf, 3,5 cm
- 2 Candy-Stick-Knöpfe, 3,8 cm
- 2 Ilex-Knöpfe, 2 cm
- Füllwatte
- Heißkleber

SCHNITTMUSTER
Bogen A (rosa)

1 Alle Teile gemäß Schnittmuster und Abbildung zuschneiden. Dabei darauf achten, dass VT und RT aus dem gleichen Stoff zugeschnitten werden. Zusätzlich für die Seitenteile der Buchstaben Streifen für die Buchstaben N 1,49 m x 6 cm (weiß), O 46 cm x 6 cm und 94 cm x 6 cm (kariert), E 94 cm x 6 cm (weiß) und L 94 cm x 6 cm (kariert) zuschneiden.

2 Den Seitenstreifen bei den Buchstaben N, E und L r-a-r an das VT nähen. Dabei jeweils an der im Schnittmuster gekennzeichneten Stelle beginnen. Den Seitenstreifen nicht zur Runde schließen, da durch diese Öffnung der Buchstabe gewendet wird. Anschließend den Seitenstreifen an das RT nähen. Dabei an den gegenüberliegenden Ecken orientieren, damit sich der Seitenstreifen nicht verzieht. Die Buchstaben wenden und gleichmäßig stopfen. Für eine gute Standfähigkeit der Buchstaben darauf achten, die Standflächen möglichst flach zu stopfen. Die Wendeöffnung mit Matratzenstich schließen.

3 Beim Buchstaben O beide Seitenstreifen innen und außen r-a-r an das VT nähen. Dabei verfahren wie oben beschrieben. Anschließend den äußeren Seitenstreifen an das RT nähen. Den Buchstaben auf rechts wenden. Den inneren Seitenstreifen mit Matratzenstich an das RT nähen. Den Buchstaben beenden wie oben beschrieben. Die Knöpfe gemäß Abbildung auf den Buchstaben mit Heißkleber fixieren oder aufnähen.

Weihnachtsanhänger

nicht nur für den Baum

GRÖSSE

je ca. 11 cm

MATERIAL

- Molton oder Fleece in Natur, 15 cm
- Baumwollstoff gemustert mit Herzen, 10 cm
- Baumwollstoff in Gelb und Gelb-Natur kariert, je 10 cm
- Baumwollstoff in Grün und Braun, je 10 cm
- Volumenvlies H 640 zum Aufbügeln, 15 cm
- 2 Metallglocken im Antik-Look, ø 1 cm
- 2 Herzknöpfe in Rot, ø 20 mm
- Stickgarn in Orange, Rot, Grün und Schwarz
- Textilkleber

SCHNITTMUSTER

Seite 130

Schneemann und Stern

1 Für jeden Anhänger alle Einzelteile gemäß Vorlage je 1x aus Volumenvlies ohne Ntzg und je 2x aus den Stoffen mit Ntzg zuschneiden. Die Teile aus Volumenvlies mittig auf die linke Seite der entsprechenden Stoffteile bügeln. Je 1 Teil mit und 1 Teil ohne Volumenvlies r-a-r zusammennähen und wenden. Die Wendeöffnungen mit Matratzenstich schließen.

2 Beim Schneemann das Gesicht aufsticken und die Glocken befestigen. Für den Schal einen Streifen von 24 cm x 2 cm aus Baumwollstoff mit Herzen zuschneiden und umbinden.

3 Bei den Sternen in das obere Dreieck gemäß Vorlage ein Knopfloch nähen. Den Knopf mittig auf dem unteren Dreieck befestigen. Die beiden Dreiecke zusammenknöpfen.

4 Stickgarn als Aufhänger einziehen und verknoten.

Tannenbaum

1 Die Stoffteile im Stoffbruch mit Ntzg, die Teile aus Volumenvlies ohne Stoffbruch und ohne Ntzg zuschneiden. Das Volumenvlies unter Beachtung der Ntzg auf die linke Stoffseite der einen Hälfte der Tannenbaumteile bügeln.

2 Die einzelnen Tannenbaumteile r-a-r zusammennähen und wenden. Gemäß Abbildung ineinander schieben, dabei die Nahtzugaben nach innen legen. Die Einzelteile zusammenkleben und einen passenden Aufhänger anbringen.

... Tipp

Sie können die dekorativen Anhänger auch als Geschenkverzierung verwenden.

Stiefel mit Engel
für kleine und große Bengel

GRÖSSE
ca. 43 cm

MATERIAL
- Baumwollköper in Natur, 80 cm
- Baumwollköper in Natur-Rot-Beige gestreift, 20 cm
- Baumwollstoff in Natur, 10 cm
- Baumwollstoff in Rot, Natur-Rot geringelt, Beige und Hautfarbe, Reste
- Vliesofix, 20 cm
- 2 Knöpfe in Schwarz, ø 4 mm
- Stickgarn in Natur, Rot und Schwarz
- 4 Puppenhaare in Natur, je 5 cm

SCHNITT-MUSTER
Bogen A (lila)

1 Alle Teile für den Stiefel, die Flügelteile und den Kragen gemäß Schnittmuster zuschneiden. Die Schnittteile für die Applikation nach der Erklärung von S. 135 anfertigen und vorbereiten.

2 Für den Kragen des Engels die Ntzg des Streifens an einer Längsseite und den beiden kurzen Seiten versäubern, nach innen schlagen und feststeppen. Rundherum den Rand mit Knötchenstich (siehe S. 138) in Rot besticken. Die zweite Längsseite entsprechend der Breite des Halses einkräuseln.

3 Für die Flügel je 2 Flügelteile r-a-r zusammennähen. Dabei die gerade Seite als Wendeöffnung offen lassen. Die Flügel wenden und gemäß Abbildung und Vorlage mit Vorstichen besticken und auf dem Außenstiefel feststeppen.

4 Nun den Engel applizieren: Zuerst die Füße, dann das Kleid über die Füße und die Flügel bügeln. Danach die Hände und anschließend die Arme auf das Kleid bügeln. Den Kragen gemäß Abbildung am Hals fest-

| 105

steppen und den Kopf darüber bügeln. Nun alle Teile mit engem Zickzackstich applizieren. Das Gesicht und die Knötchen am Rand des Kleides aufsticken. Die beiden Knöpfe als Augen annähen. Für die Haare die Wolle mit ein paar Stichen am Kopf annähen.

5 Die beiden Absatzteile gemäß Markierung r-a-r an die beiden Außenstiefel nähen. Die beiden Besatzteile an der Stoffbruchlinie entlang so falten, dass die linke Seite innen liegt. Die offenen Längsseiten innerhalb der Ntzg zusammensteppen, damit nichts verrutschen kann. Mit der zusammengefassten Seite jeweils r-a-r an die obere Kante des Außenstiefels steppen.

6 Die beiden Außenstiefelteile und die beiden Besatzteile für die Krempe r-a-r zusammennähen und den Stiefel wenden.

7 Die beiden Innenstiefelteile ebenfalls r-a-r zusammensteppen. Dabei die Wendeöffnung gemäß Markierung offen lassen. Den Außenstiefel so in den Innenstiefel stecken, dass die oberen Kanten der beiden Stiefel übereinander liegen.

8 Für den Aufhänger die Ntzg an den beiden Längsseiten nach innen schlagen und das Teil gemäß Markierung der Länge nach so falten, dass die Ntzg innen liegen. Der Stoff liegt nun vierfach. An den beiden Längsseiten schmal steppen. Den Anhänger zu einer Schlaufe falten und gemäß Markierung so zwischen den Innenstiefel und die Krempe schieben, dass die Schlaufe nach innen in den Stiefel zeigt. Die oberen Kanten der beiden Stiefel zusammennähen. Dabei den Aufhänger mitfassen. Durch die Wendeöffnung im Innenstiefel wenden und diese mit Matratzenstich schließen. Den Innenstiefel in den Außenstiefel schieben und die Krempe nach außen schlagen.

106 | WEIHNACHTEN

Adventskalender
Füllhorn mit Geschenken

GRÖSSE
ca. 50 cm

MATERIAL
- Baumwollstoff in Natur, 60 cm
- Baumwollstoff in Hellblau, 25 cm
- Baumwollstoff in Hellblau-Natur gestreift, 20 cm
- Baumwollstoff in Hellblau-Natur kariert, 15 cm
- Baumwollstoff in Rot mit beigefarbenen Punkten, Rest
- 24 Filzherzen in Rot, 3 mm, 5,5 cm x 7 cm
- Papierzahlen von 1-24 in Weiß
- Vliesofix, Rest
- Satin-Kordel in Weiß, ø 2 mm
- Stickgarn in Rot, Rest
- Perlgarn in Weiß, Rest
- Füllwatte
- UHU Alleskleber oder Heißkleber

SCHNITTMUSTER
Bogen A (türkis)

1 Das Schnittmuster des Füllhorns in die einzelnen Streifen zerlegen. Alle Teile für das Füllhorn und die Applikation gemäß Schnittmuster zuschneiden. Für die Aufhängeschlaufen zwei Streifen à 8 cm x 14 cm zuschneiden. Die Unterseite der Bordüre aus weiß-blau gestreiftem und das Innenfutter aus weißem Baumwollstoff zuschneiden. Die Streifen gemäß Schnittmuster und Abbildung jeweils r-a-r zum äußeren Füllhorn zusammennähen. Die Ntzg in den karierten bzw. gestreiften und den unifarbenen Streifen bügeln und feststeppen. Die Herzen applizieren. Die beiden Füllhornteile r-a-r bis auf die obere Öffnung zusammennähen und wenden. Den unteren blauen Teil mit dem Bogen mit Füllwatte stopfen.

2 Für die Aufhängeschlaufen die Kanten der Streifen jeweils der Länge nach zur Mitte und anschließend den Streifen mittig falten, so dass die Kanten innen liegen. Die Schlaufe an der offenen Kante zusammensteppen, die fertige Schlaufe ist 2 cm x 14 cm groß. Jeweils zwei weiße und zwei weiß-blau gestreifte Bordürenteile r-a-r zu einem Ring schließen. Die beiden Bordüren-Ringe r-a-r ineinanderschieben und entlang der Eiszapfen zusammensteppen. Die Ntzg kürzen und an den Rundungen bis kurz vor die Naht einschneiden. Die Bordüre wenden und die obere offene Kante mit Zickzackstich zusammennähen. Die Bordüre mit der weißen Seite nach außen über das äußere Füllhorn ziehen und entlang der obe-

ren Kante mit Zickzackstich fixieren. Dabei die beiden Aufhängeschlaufen gemäß Schnittmuster mitfassen; die Schlaufen zeigen dabei nach unten.

3 Die beiden Innenfutterteile r-a-r bis auf die obere Kante und die Wendeöffnung zusammennähen. Nicht wenden. Das äußere Füllhorn so in das Innenfutter stecken, dass die obere Kante und die Seitennähte übereinanderliegen. An der oberen Kante entlang zusammensteppen und das Füllhorn durch die Öffnung im Innenfutter nach außen wenden. Die Wendeöffnung mit Matratzenstich schließen und das Innenfutter in das Füllhorn schieben. Die Bordüre nach oben klappen und den Rand knappkantig absteppen. Die Sterne gemäß Schnittmuster aufsticken.

4 Die beiden Herzteile r-a-r zusammennähen, die Ntzg kürzen und einschneiden und durch die Wendeöffnung wenden. Das Herz mit Füllwatte stopfen und die Öffnung mit Matratzenstich schließen. Als Aufhängung einen Perlgarnfaden am oberen Ende durchziehen und verknoten. Das Herz im Bogen des Füllhorns einhängen. Die Zahlen von 1-24 auf die Filzherzen kleben und die Kordel als Aufhängung daran befestigen.

... Tipp

Falls Sie auch nach dem 24. Dezember noch Freude an dem Füllhorn haben möchten, befüllen Sie es doch mit anderen Dekoutensilien wie Kugeln oder kleinen Zweigen.

Weihnachtselch

was mag wohl in den Säckchen sein?

GRÖSSE
Elch ca. 40 cm
Säckchen ca. 14 cm bzw. 16 cm

MATERIAL ELCH
- Leinenstoff in Beige, 35 cm
- Baumwollstoff in Weiß-Rot gestreift, 10 cm
- Baumwollstoff in Weiß-Rot kariert, Rest
- Filz in Dunkelgrau, Rest
- Kordel in Weiß, ø 5 mm, 2x 60 cm
- Stickgarn in Schwarz
- Perlgarn in Weiß
- Fransenstopp

SÄCKCHEN
- Baumwollstoff in Weiß-Rot kariert, 20 cm
- Baumwollstoff in Weiß-Rosa gestreift, Rest
- Baumwollstoff in Rot-Weiß gestreift, Rest
- 2 Stern-Knöpfe aus Holz, ø ca. 2 cm
- Kordel in Weiß-Rot, ø ca. 1,5 mm, 2x 50 cm

SCHNITTMUSTER
Bogen A (flieder)
Seite 124 (Herzen)

Elch

1 Alle Teile gemäß Schnittmuster zuschneiden. Das Herz vor dem Ausschneiden an der Außenkante entlang mit Fransenstopp einstreichen und trocknen lassen. Für die Beine zwei Streifen, 16 cm x 10 cm lang und für die Aufhängeschlaufe einen Streifen von 16 cm x 6 cm Länge zuschneiden (jeweils inkl. 1 cm Ntzg). Die Streifen für die Beine der Länge nach r-a-r zusammenlegen und an der langen Seite entlang zusammensteppen. Die Beine wenden und so bügeln, dass die Naht mittig liegt.

2 Je zwei Fußteile r-a-r bis auf die Wendeöffnung zusammensteppen und wenden. Die Füße leicht stopfen, die Ntzg der Öffnung nach innen schlagen und die Ntzg je eines Beines einschieben. Dabei darauf achten, dass die Nähte auf der Rückseite der Beine zu liegen kommen. Knappkantig zusammensteppen.

3 Die Knopflöcher an den Sackteilen gemäß Schnittmuster nähen und aufschneiden. Je zwei Sackteile, die den Bauch bil-

| 111

den, r-a-r zusammensteppen. Dabei die Beine gemäß Markierung mitfassen. Die Ntzg am oberen Saum versäubern. Für den Tunnel den oberen Rand des Sackes an der Umbruchlinie nach innen schlagen und laut Schnittmuster den Tunnel absteppen. Mit Hilfe einer Sicherheitsnadel die eine Kordel von links und die andere von rechts jeweils komplett durch den Tunnel ziehen. Danach müssen jeweils die beiden Enden jeder Kordel auf einer Seite heraushängen.

4 Je zwei Handteile r-a-r zusammennähen, wenden und stopfen. Die Ntzg am oberen Rand nach innen schlagen und jeweils die beiden zusammengehörenden Kordelenden ca. 1 cm einschieben. Die offene Kante zusammensteppen und dabei die Kordelenden fixieren. Das Herz mit Vorstichen auf dem Körper befestigen. Für die Aufhängeschlaufe die Kanten des Streifens jeweils der Länge nach zur Mitte und anschließend den Streifen mittig falten, so dass die Kanten innen liegen. Die Schlaufe an der offenen Kante zusammensteppen, die Größe der fertigen Schlaufe ist 1,5 cm x 14 cm. Den Aufhänger an der Rückseite des Sackes mittig ca. 1 cm unterhalb des Tunnels feststeppen.

5 Die beiden Kopfteile r-a-r bis auf die Wendeöffnung zusammensteppen, dabei die beiden Geweihteile übereinanderliegend gemäß Schnittmuster mitfassen. Den Kopf wenden und stopfen. Je zwei Ohrteile zusammennähen und wenden. Die Ohren mit ein paar Stichen gemäß Markierung am Kopf fixieren. Dabei zeigt die Ohrenrundung nach oben. Anschließend das Ohr nach unten klappen und rechts und links fixieren. Die Augen und die Nase sticken.

Säckchen

1 Für das kleine Säckchen das Schnittmuster an den Trennlinien in Streifen schneiden. Alle Teile gemäß Schnittmuster zuschneiden.

2 Die Stoffstreifen für das kleine Säckchen jeweils r-a-r gemäß Abbildung zusammennähen. Dann sowohl das kleine, als auch das große Säckchen nähen wie beim Elch beschrieben. Die Knöpfe aufnähen. Die Kordeln einziehen wie beim Elch beschrieben und nach vorne zu einer Schleife binden.

Herzen

Jeweils zwei Herzteile r-a-r zusammennähen, die Ntzg kürzen, einschneiden und durch die Wendeöffnung wenden. Die Herzen mit Füllwatte stopfen und die Öffnung mit Matratzenstich schließen.

Bärtige Gesellen
mit Mantel oder Hose

GRÖSSE
ca. 42 cm

MATERIAL NIKOLAUS MIT MANTEL

- Baumwollstoff in Hautfarbe, 30 cm
- Baumwollstoff in Rot-Natur geringelt, 25 cm
- Fleece in Natur, 10 cm
- Baumwollstoff in Natur, 10 cm
- Baumwollstoff in Anthrazit, 25 cm
- Stickgarn in Schwarz
- 12 Puppenhaare in Natur, 25 cm
- Füllwatte

SCHNITTMUSTER
Bogen B (schwarz, Körper),
Bogen B (pink, Kleidung)

Körper

Die Puppen werden wie das Sommerpüppchen von S. 34/35 genäht. Der Nikolaus mit Mantel hat keine separaten Schuhe. Die Beine werden komplett aus Stoff in Anthrazit genäht.

Nikolaus mit Mantel

1 Alle Teile gemäß Schnittmuster zuschneiden. Für den Schal jeweils einen Streifen 42 cm x 6 cm (inkl. je 1 cm Ntzg an allen Seiten) aus Fleece in Natur und Baumwollstoff in Natur zuschneiden. Für den unteren Mantelbesatz einen Streifen von 33,5 cm x 7 cm (inkl. je 1 cm Ntzg an allen Seiten) aus Fleece in Natur zuschneiden.

4 Für den Mantel die beiden VT an der Schulter r-a-r auf das RT nähen. Die beiden Kragenteile r-a-r zusammennähen. Dabei den Halsausschnittansatz offen lassen und den Kragen durch diese Öffnung wenden. Den Kragen r-a-r an die Halsausschnittkante nähen. Die Ärmel r-a-r in die Armausschnitte einpassen.

5 Für die Ärmelblenden die Blendenteile der Länge nach entlang der Stoffbruchlinie so falten, dass die rechte Seite außen liegt. Die offene Längsseite innerhalb der Ntzg zusammensteppen, damit nichts verrutschen kann. Diese Seite r-a-r auf die untere Saumkante der Ärmel nähen. Bei der vorderen Mantelblende genauso verfahren.

6 Die Ärmel- und Seitennähte schließen. Die Blende für den unteren Mantelsaum annähen wie bei den Ärmeln beschrieben. Zusätzlich müssen jedoch die Ntzg an den Enden der Blende beim Zusammenfalten mit nach innen eingeschlagen werden. Den Mantel anziehen, die vorderen Blenden übereinander legen und mit ein paar Stichen den Mantel schließen.

7 Für die Mütze das Krempenteil entlang der Stoffbruchlinie so falten, dass die rechte Seite außen liegt. Die offene Längsseite innerhalb der Ntzg zusammensteppen, damit nichts verrutschen kann. Diese Seite r-a-r auf die untere

Saumkante des Mützenteils nähen. Die Mütze r-a-r der Länge nach falten und Mütze und Krempe zusammennähen. Die Mütze wenden, aufsetzen und eventuell mit ein paar Stichen am Kopf fixieren.

8 Für den Schal die beiden Teile ebenfalls r-a-r zusammennähen. Dabei eine schmale Seite als Wendeöffnung offen lassen. Den Schal wenden, die Ntzg nach innen schlagen und die Öffnung mit Matrazenstich schließen. Den Schal umbinden.

9 Für den Bart die Puppenhaare jeweils zur Hälfte zusammenlegen und die Schlaufen als Bart von Hand annähen.

Sack

1 Für das Seitenteil des Sacks aus braunem Baumwollstoff ein Rechteck von 25 cm x 16 cm zuschneiden. Die obere Kante versäubern, 1 cm nach innen umschlagen und feststeppen.

2 Das Herz mittig auf das Seitenteil applizieren und mit Spannstichen umsticken (siehe S. 138). Das Seitenteil r-a-r an den Boden nähen und das Seitenteil r-a-r zur Runde schließen. Den Sack wenden und mit dem Band zubinden.

Nikolaus mit Hose

1 Alle Teile gemäß Schnittmuster zuschneiden.

2 Für die Hose die Ntzg an den oberen und unteren Säumen nach innen schlagen und feststeppen. Je 2 Hosenteile r-a-r an den Seitennähten zusammennähen. Ein Hosenbein wenden und so in das andere Hosenbein schieben, dass die Hosenmittelnähte übereinander liegen. Diese schließen und die Hose wenden. Die Hose anziehen und mit ein paar Stichen an der Puppe befestigen.

3 Für den unteren Mantelbesatz einen Streifen von 31 cm x 7 cm (inkl. je 1 cm Ntzg an allen Seiten) aus Fleece in Natur zuschneiden. Die Jacke nähen wie beim Mantel beschrieben. Die Mütze und den Bart ebenfalls nähen wie auf S. 114 beschrieben.

GRÖSSE
ca. 42 cm

MATERIAL NIKOLAUS MIT HOSE
- Baumwollstoff in Hautfarbe, 30 cm
- Baumwollstoff in Natur-Rot gestreift, 25 cm
- Baumwollstoff in Anthrazit, Rest
- Fleece in Natur, 25 cm
- Fleece in Rot, 20 cm
- Stickgarn in Schwarz
- 16 Puppenhaare in Natur, 25 cm
- Füllwatte

SACK
- Baumwollstoff in Dunkelbraun, 20 cm
- Baumwollstoff in Natur-Rot geringelt, Rest
- Vliesofix, Rest
- Stickgarn in Rot
- Wildlederimitatband in Natur, 3 mm breit, 30 cm lang

SCHNITT-MUSTER
Bogen B (schwarz, Körper), Bogen B (pink, Kleidung)

Windlicht
stimmungsvolle Beleuchtung

GRÖSSE
Weihnachtssterne ca. 15 cm

MATERIAL
- Baumwollstoff in Rot und Weiß, je 20 cm
- Baumwollstoff in Grün-Weiß gestreift, 40 cm
- Baumwollstoff in Natur, 68 cm x 9 cm (inkl. 1 cm Ntzg)
- Volumenvlies H 630 zum Aufbügeln, 1 m x 20 cm
- 20 Knöpfe in Gelb, ø 9 mm
- Klettband, 2 cm breit, 7 cm
- Golddraht, ø 0,3 mm, 4x ca. 80 cm
- Windlichtglas, ø 17 cm, 18 cm hoch

SCHNITTMUSTER
Seite 131

1 Alle Teile gemäß Schnittmuster 8x aus Baumwollstoff in Grün-Weiß, 4x in Rot und 4x in Weiß zuschneiden. Dabei darauf achten, dass jeweils die Hälfte der Blütenblätter mit Volumenvlies bebügelt zugeschnitten werden. Je ein Teil mit und ein Teil ohne Volumenvlies in der gleichen Farbe r-a-r zusammensteppen, wenden und die Öffnung mit Matratzenstich schließen.

2 Mit reißfestem Faden bei den weißen und roten Blütenblättern entlang der Stepplinie mit Vorstichen einkräuseln und die Blütenblätter so zusammenziehen. Die weißen und roten Blütenblätter versetzt auf je eine grüne Blattrosette setzen und mit ein paar Stichen fixieren. Je fünf Knöpfe pro Weihnachtsstern in der Mitte mit Golddraht annähen. Dabei zwischen dem Weihnachtsstern und dem Draht ca. 0,5 cm - 1 cm Draht als Stiel für die Knöpfe stehen lassen. Die Drahtstiele verzwirbeln.

3 Den naturfarbenen Baumwollstoff der Länge nach r-a-r falten und bis auf eine kurze Seite zusammensteppen. Wenden und die Öffnung mit Matratzenstich schließen. Das Klettband an den Enden annähen. Die Blüten gleichmäßig verteilt mit ein paar Stichen von Hand auf dem Band anbringen. Das Band um das Windlichtglas befestigen.

Pfefferkuchenmann
zum Anbeißen

GRÖSSE
ca. 35 cm

MATERIAL
- Leinen in Braun-meliert, 30 cm x 40 cm
- Baumwollstoff in Dunkelbraun mit weiß-rosa Kringeln
- Zackenlitze in Rosa, ca. 1,40 m
- Perle in Rosa, ø 8 mm
- 2 Knöpfe in Schwarz, ø 3,5 mm
- 3 Herz-Knöpfe in Rosa, 1 cm
- 5 Herzknöpfe in Rosa, 5 mm
- Vlieseline H 180
- Füllwatte
- Granulat

SCHNITTMUSTER
Bogen A (pink)

Hinweis
Den Leinenstoff für das VT vor dem Zuschneiden mit Vlieseline verstärken, da sich der Stoff sonst verzieht.

1 Alle Teile gemäß Schnittmuster zuschneiden. Für das Seitenteil einen Streifen von 1,50 m x 8 cm zuschneiden. Gemäß Schnittmuster die Zackenlitze auf das VT des Pfefferkuchenmännchens nähen. Dabei an einer „Ferse" beginnen und die Zackenlitze im angezeichneten Abstand rundherum befestigen. Die Perle als Nase, dann die Knöpfe annähen.

2 Das Seitenteil r-a-r an die Figur nähen und dabei wieder an einer „Ferse" anfangen. Das RT aus Baumwollstoff r-a-r an das Seitenteil steppen. Dabei an der Ferse im Seitenstreifen eine Wendeöffnung lassen. Die Lebkuchenfigur wenden und mit Füllwatte stopfen. In den Fuß etwas Granulat füllen, damit die Figur besser steht. Die Wendeöffnung mit Matratzenstich schließen.

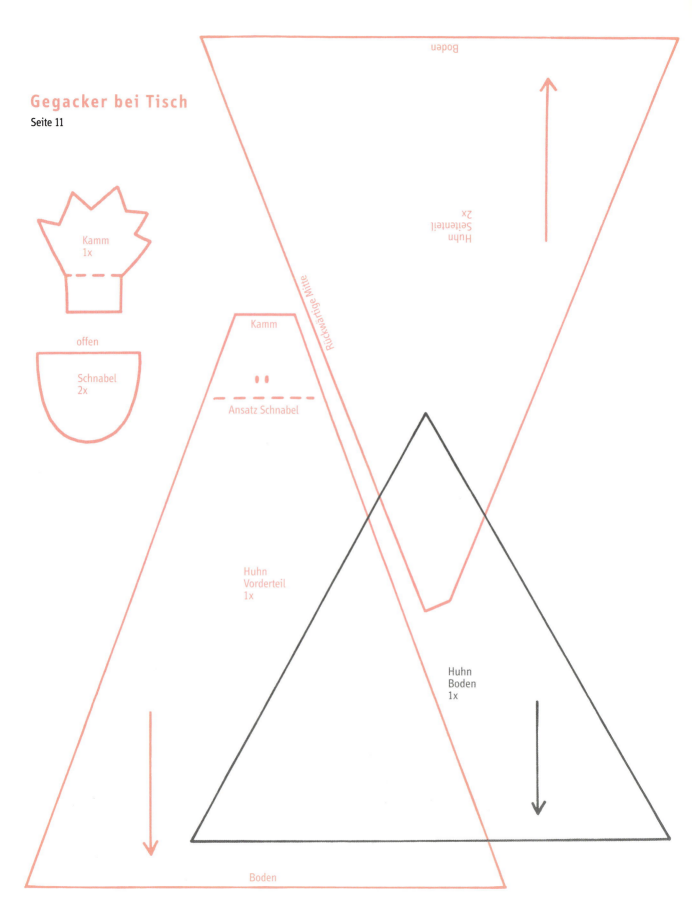

Brotkorb mit Hühnern
Seite 24

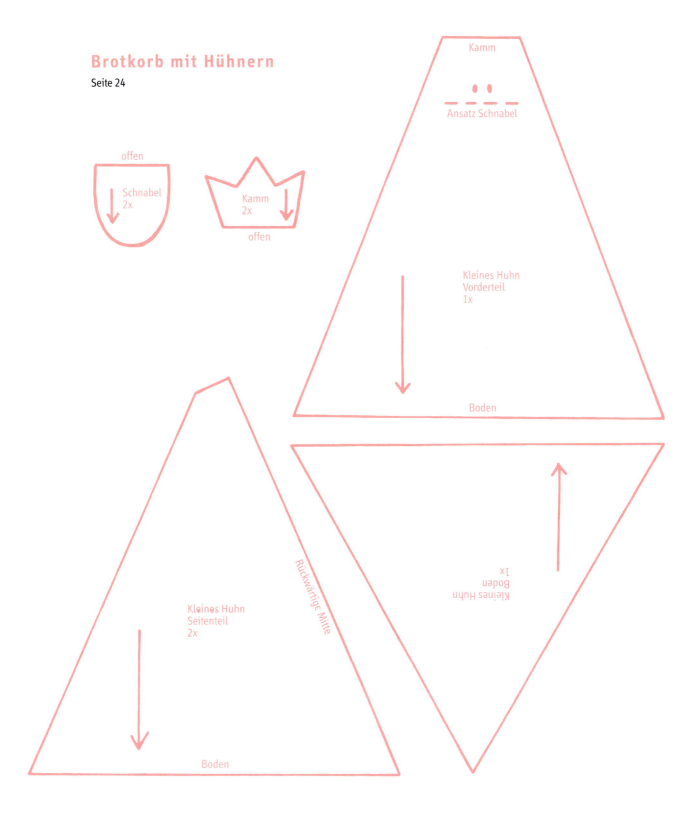

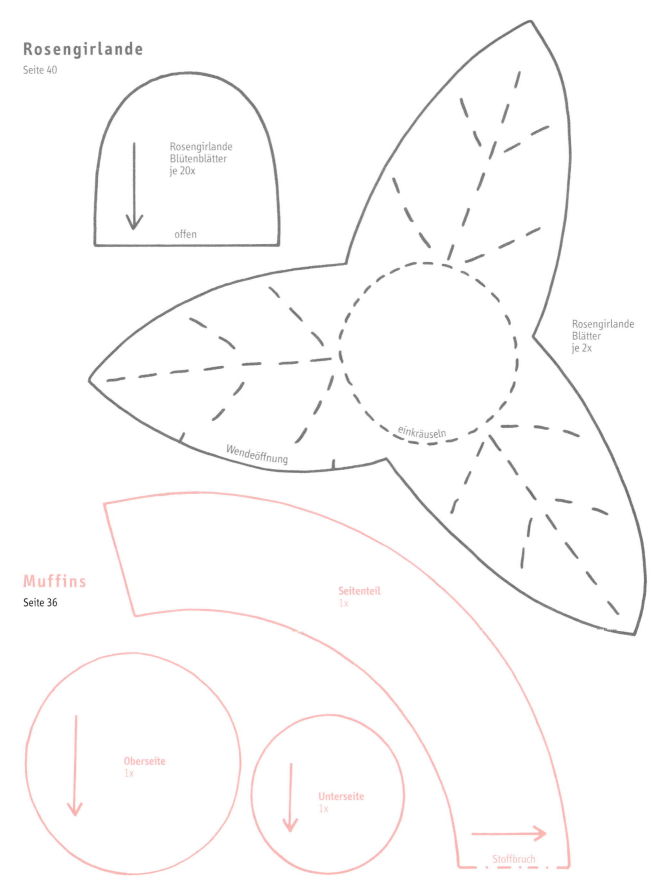

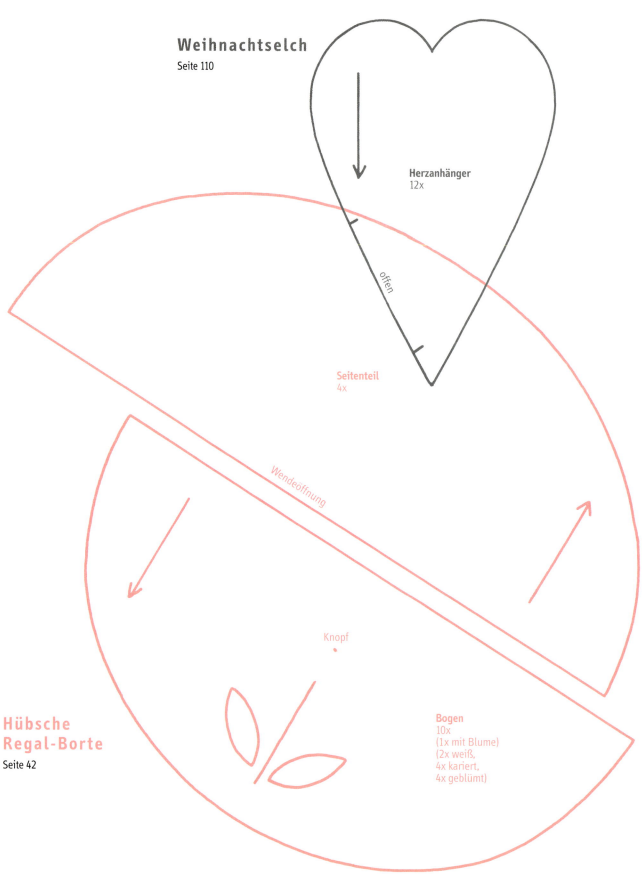

Herzenssachen
Seite 30-32

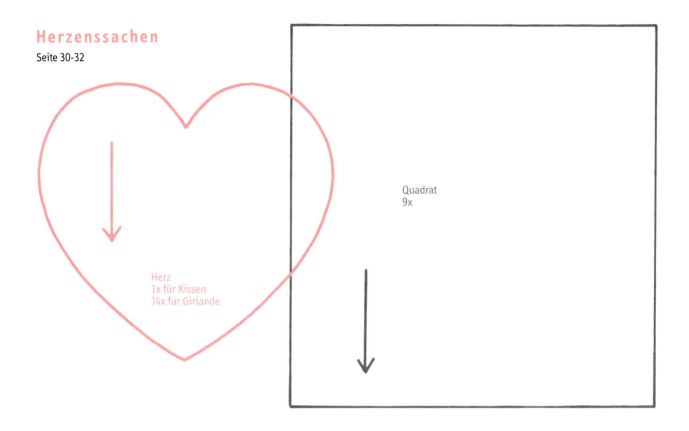

Sommerpüppchen
Seite 33

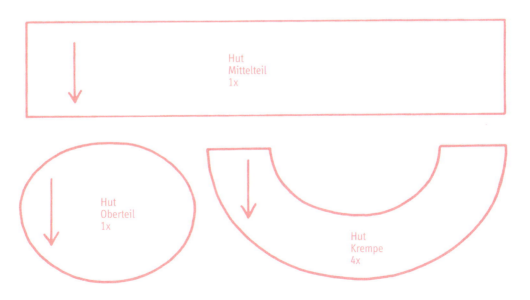

| 125

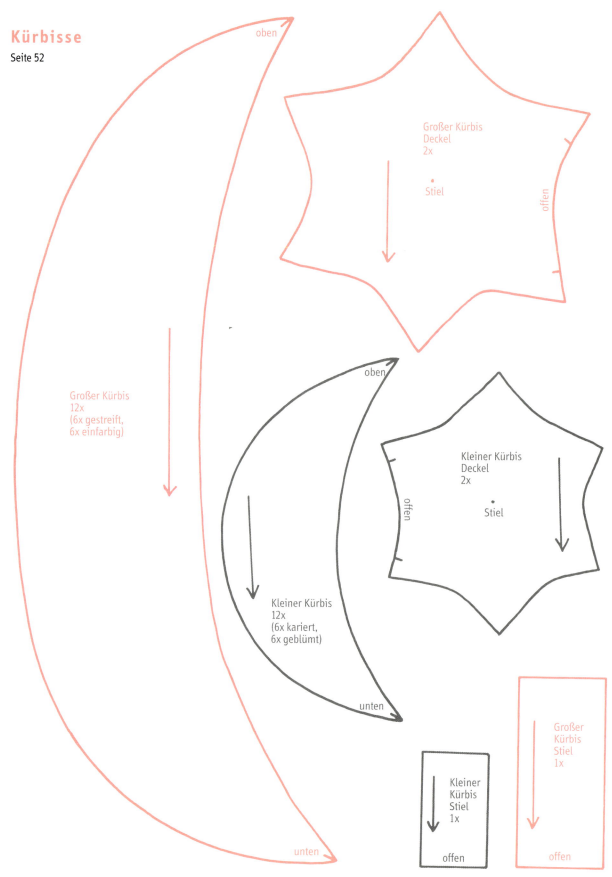

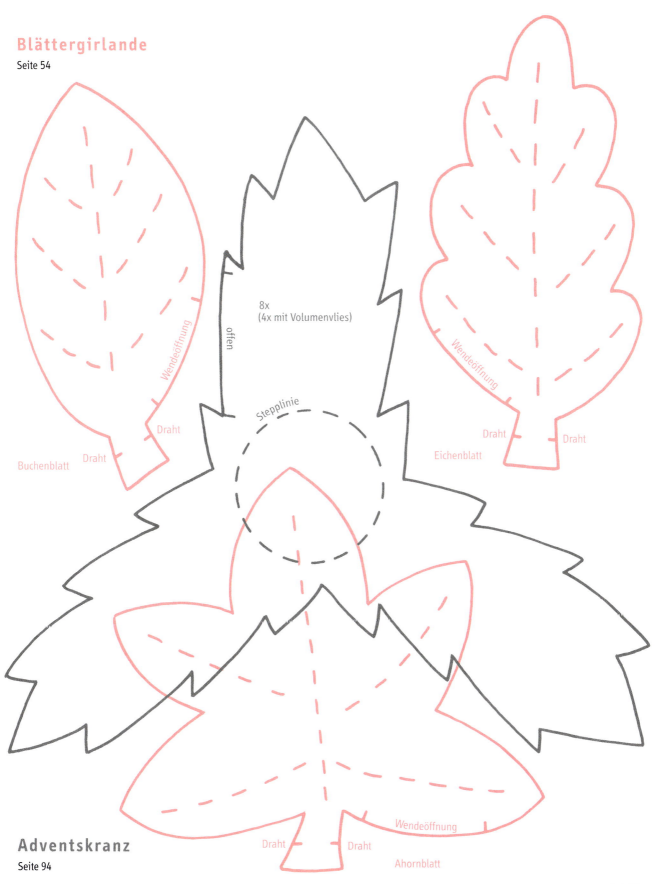

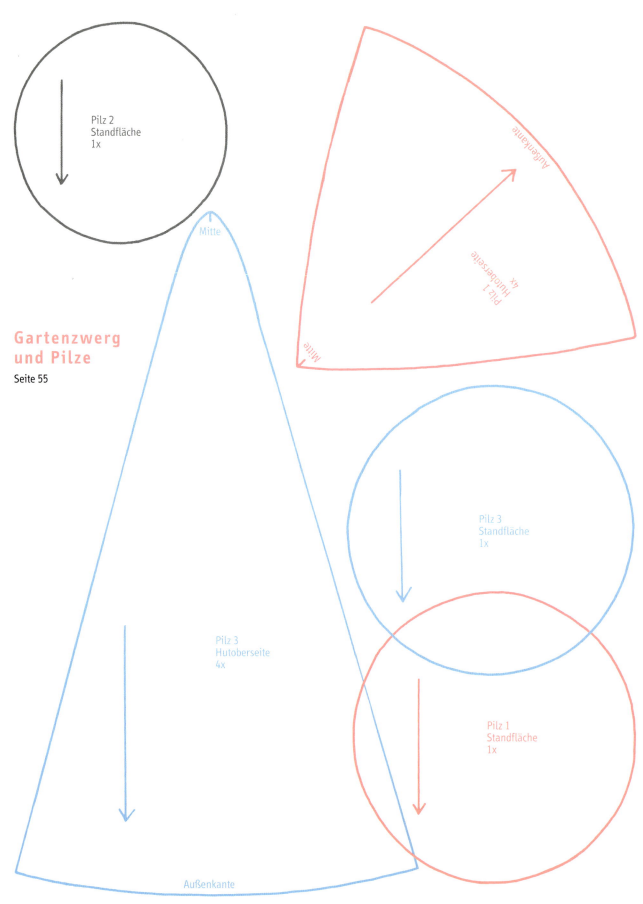

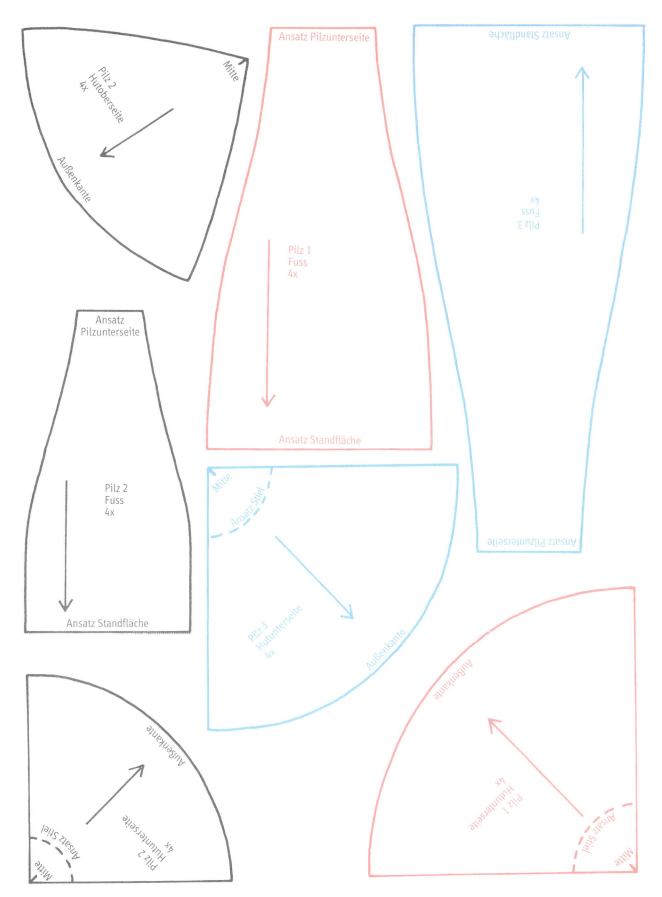

| 129

Weihnachtsanhänger

Seite 102

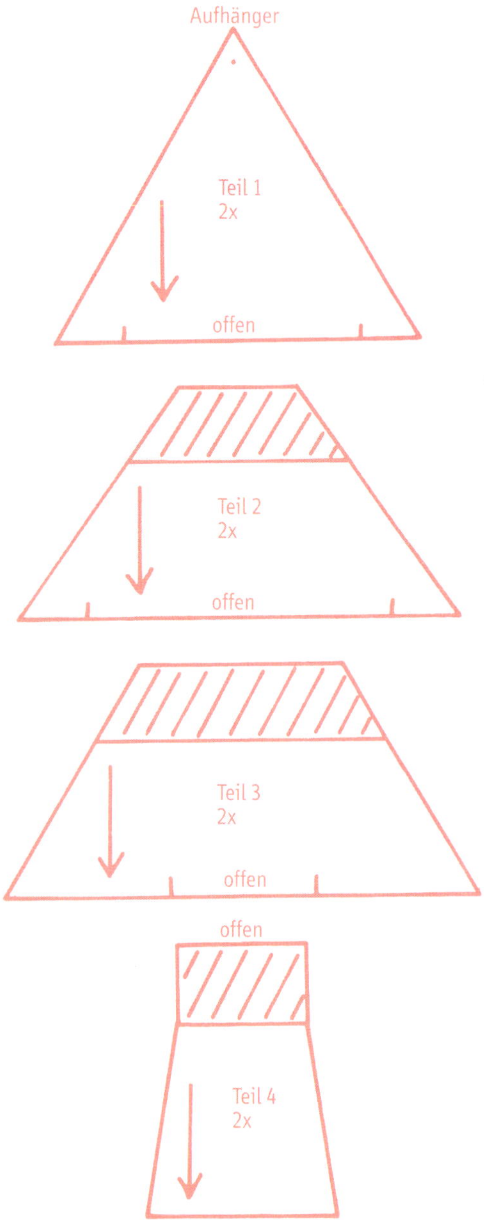

Aufhänger

Teil 1
2x

offen

Teil 2
2x

offen

Teil 3
2x

offen

offen

Teil 4
2x

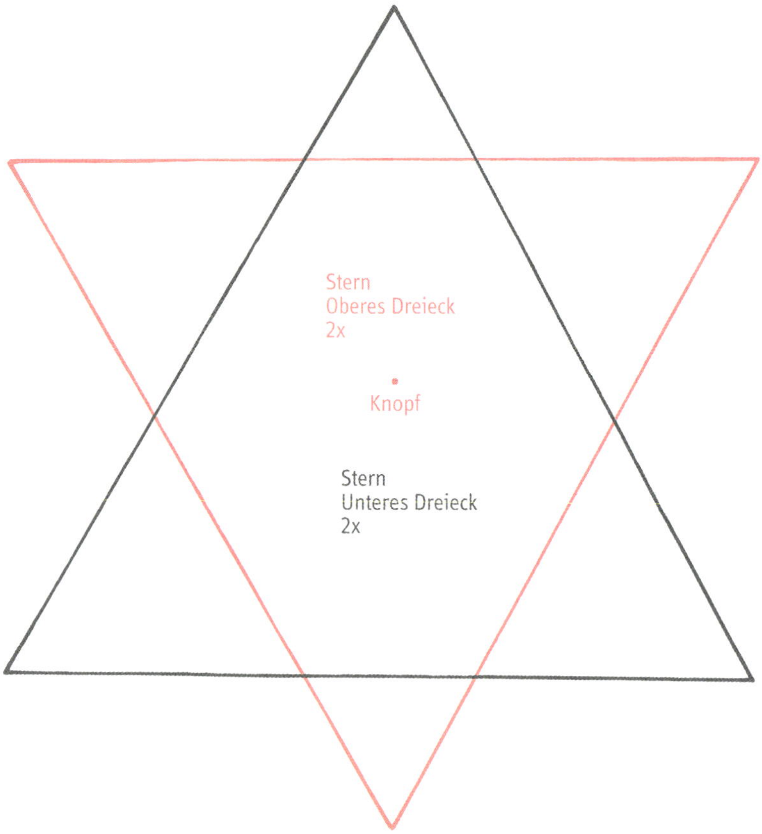

Stern
Oberes Dreieck
2x

Knopf

Stern
Unteres Dreieck
2x

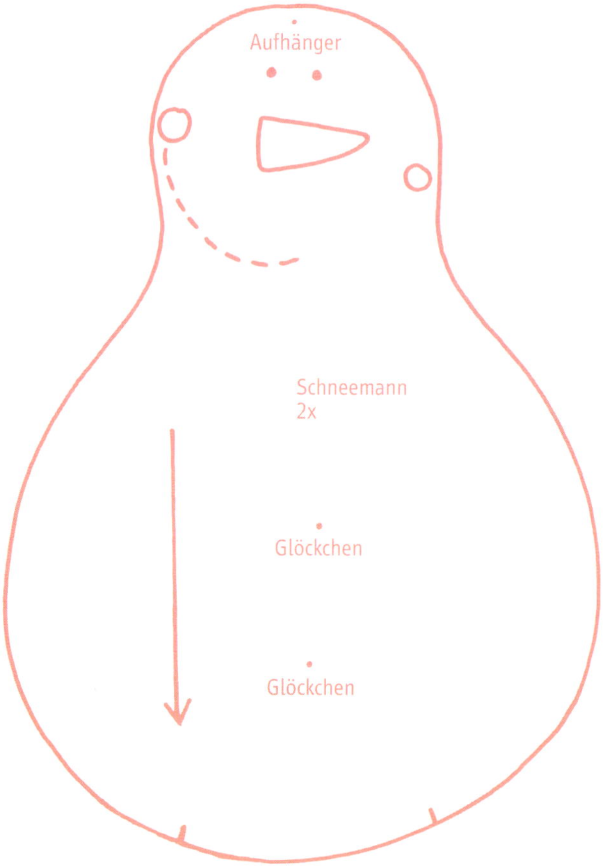

Aufhänger

Schneemann
2x

Glöckchen

Glöckchen

Bequeme Hausschuhe
Seite 70

Windlicht
Seite 116

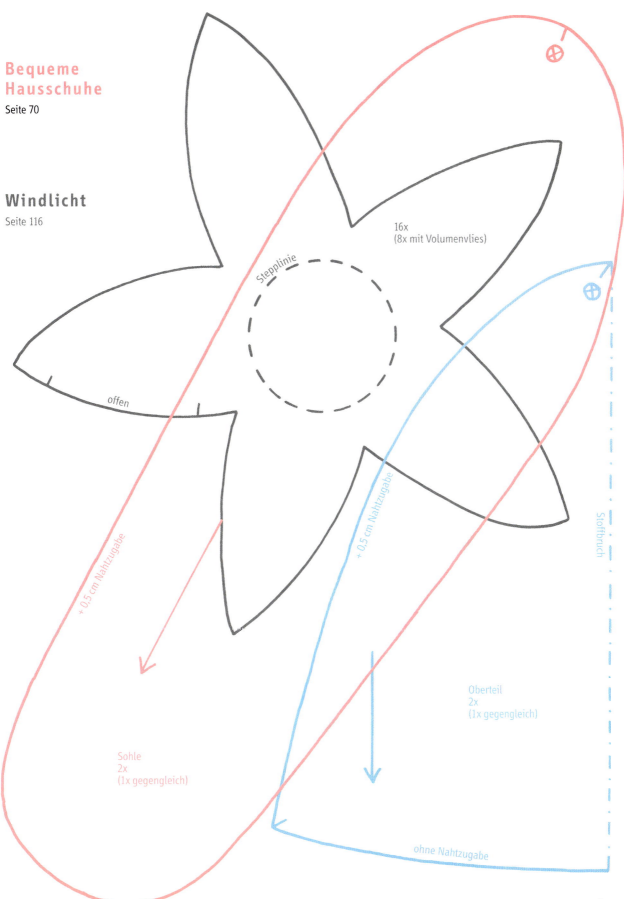

So wird's gemacht

Ihre Grundausstattung

Folgende Hilfsmittel und Werkzeuge werden für die meisten Modelle in diesem Buch benötigt. Diese Materialien werden in den speziellen Materiallisten nicht mehr extra aufgeführt.

- Seidenpapier oder Kopierfolie
- Nähnadel
- passendes Nähgarn
- Stoffschere
- Stecknadeln
- Schneiderkreide
- Bleistift
- Nähmaschine

Schnitte übertragen und anfertigen

Alle Schnittmusterteile auf Seidenpapier oder Kopierfolie übertragen und ausschneiden. Mit Hilfe von Stecknadeln auf die Rückseite (linke Seite) der Stoffe stecken. Dabei auf den Fadenlauf (= Webrichtung; auf dem Schnittmuster mit einem Pfeil gekennzeichnet) achten. Alle Teile mit einer Ntzg ausschneiden. Die Ntzg beträgt, wenn nicht anders angegeben, 1 cm. Dabei darauf achten, dass Teile, die nicht symmetrisch sind und zweimal ausgeschnitten werden müssen, wie z.B. Ärmel, Hosenbeine, VT oder RT (wenn sie aus 2 Teilen bestehen), immer auch gegengleich, also spiegelverkehrt, ausgeschnitten werden müssen. Bei den Teilen, bei denen ein Stoffbruch auf dem Schnitt vermerkt ist, wird wie folgt verfahren: Den Stoff rechts auf rechts falten, so dass der Stoffbruch in Fadenlaufrichtung (= Webrichtung) verläuft. Das Schnittteil mit der gestrichelten Stoffbruch-Kante auf die tatsächliche Stoffbruchkante des Stoffs legen. Wie vorher beschrieben mit Ntzg ausschneiden.

Abkürzungen

Ntzg = Nahtzugabe(n)
r-a-r = rechts auf rechts
RT = Rückenteil(e)
VT = Vorderteil(e)

Absteppen von Nähten

Durch das Absteppen einer Naht auf der Vorderseite (rechten Seite) eines Modells wird diese besonders betont und die Ntzg auf der Innenseite (linken Seite) fixiert. Dafür wird die Ntzg, wenn nicht anders angegeben, zuerst auf ca. 0,5 cm zurück geschnitten, mit Zickzackstich versäubert, nach oben geschlagen und von der rechten Seite knappkantig (ca. 0,5 cm breit) festgesteppt.

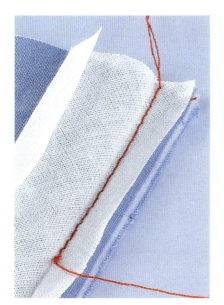

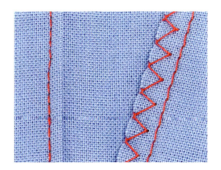

MATRATZENSTICH

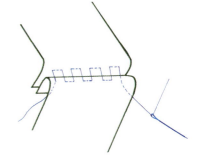

Kanten mit Schrägband versäubern

Um ein Schrägband anzunähen legen Sie die Kanten der Teile, die zusammen versäubert werden sollen, passgenau aufeinander. Ca. 0,5 cm breit zusammensteppen, damit nichts mehr verrutschen kann. Eine Seite des Schrägbandes auf der rechten Seite des Modells auf die zu versäubernden Kanten legen und in der Bügelkante feststeppen. Das Schrägband über die zu versäubernden Kanten schlagen und auf der Rückseite des Modells mit der Nähmaschine oder von Hand festnähen. An sichtbaren Ecken oder Enden darauf achten, dass die Enden des Schrägbandes vor dem Festnähen auf der linken Seite des Modells nach innen geschlagen werden müssen.

Einfacher Saum

Dafür wird die Abschlusskante mit Zickzackstich versäubert, einmal um die Breite des Saumes nach innen umgeschlagen und festgesteppt.

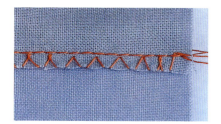

Doppelter Saum

Offene Abschlusskanten können mit einem doppelten Saum versäubert werden. Dafür wird 2x nacheinander die gleiche Breite, z.B. 2 cm nach innen eingeschlagen und knapp an der Kante auf der inneren Seite festgesteppt.

Stoff einkräuseln und Rüsche annähen

Einen Hilfsfaden 1 cm vom Rand entfernt von Hand mit einer Nadel einziehen. Dabei die Stiche ca. 0,5 cm breit und ebenso weit von einander entfernt nähen. Stoff auf die gewünschte Breite zusammenschieben und Anfang und Ende des Fadens mit Knoten oder doppelten Stichen sichern. Rüsche r-a-r auf das entsprechende Teil legen und mit Stecknadeln feststecken. Dabei darauf achten, dass die Falten gleichmäßig verteilt sind. Auf dem Hilfsfaden oder knapp daneben nähen. Anschließend den Hilfsfaden herausziehen, wenn er auf der Vorderseite des Modells sichtbar ist.
Das Einkräuseln von Stoffstreifen für Rüschen können Sie auch mit der Nähmaschine durchführen. Dafür die Fadenspannung von Ober- und Unterfaden lockern, die Naht wie oben beschrieben nähen und durch Ziehen am Unterfaden einkräuseln.

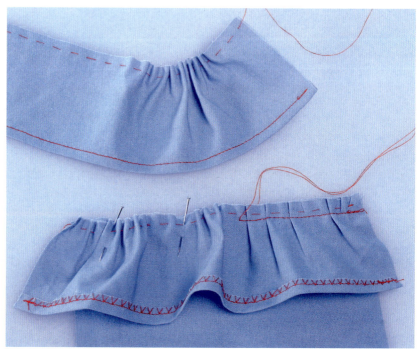

Applikationen

VLIES AUFBÜGELN UND MOTIV ÜBERTRAGEN

Beim Applizieren mit Vliesofix wird durch das beidseitig aufbügelbare Vlies das Verrutschen des zu fixierenden Teiles verhindert. So entstehen beim Festnähen keine Falten. Dafür das Vliesofix mit der Papierseite nach oben auf die Rückseite des Stoffes legen und aufbügeln. Bei Stoffen, die nicht aus 100% Baumwolle (Fleece, eventuell Nicki usw.) bestehen, am besten ein dünnes Tuch zwischen Stoff/Vliesofix und das Bügeleisen legen, damit die Stoffe nicht am Bügeleisen haften bleiben. Das Schnittmuster der zu applizierenden Teile auf das Papier des Vliesofix übertragen. Dabei beachten, dass die Schnittteile spiegelverkehrt aufgezeichnet werden müssen. Wenn nicht anders angegeben, die Teile ohne Ntzg zuschneiden.

MOTIV AUFBÜGELN UND APPLIZIEREN

Das Papier vom Stoff abziehen und das zu applizierende Teil mit der Stoffseite nach oben auf die markierte oder beschriebene Stelle legen und aufbügeln. Dabei eventuell wieder ein Tuch zwischen Stoff und Bügeleisen legen.

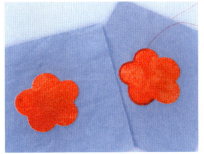

Mit engem Zickzackstich (Stichlänge 0,5-1 mm, Stichbreite 2-3 mm) an der Kante entlang auf den Unterstoff applizieren.

| 135

Körperteile zusammennähen und ausstopfen

Die Körperteile, die später gewendet werden, wie z.B. Arme, Beine, Kopf, Ohren usw. werden r-a-r liegend zusammengenäht. D.h. die Vorderseiten (die rechten Seiten) beider Teile liegen innen aufeinander und die Rückseiten (die linken Seiten) liegen außen. Um beim Nähen ein Verrutschen zu verhindern, werden die Stoffstücke mit Stecknadeln miteinander fixiert. Die Körperteile laut Anleitung und Markierungen auf dem Schnittmuster zusammensteppen.

Das Zuschneiden und Nähen von sehr kleinen Körperteilen, wie Ohren und Beinen, kann durch folgende Technik vereinfacht werden:
Den Umriss eines Teiles auf ein Stück Stoff übertragen, ein gleich großes Stück Stoff rechts auf rechts darunter legen, die beiden Teile mit Stecknadeln zusammenstecken und die Umrisse nachnähen. Dabei die Wendeöffnungen aussparen. Die Ntzg aller zusammengesteppten Körperteile auf ca. 5 mm einkürzen, mit Zickzackstich versäubern und die Teile wenden.

Arme und Beine nach dem Stopfen mit Füllwatte oder Granulat mit einer Naht in der Mitte der Nahtzugabe schließen, damit das Füllmaterial nicht mehr herausrutschen kann. Wird der Körper mit Granulat gefüllt, empfiehlt es sich, zum Abschluss eine Lage Füllwatte auf das Granulat zu legen. Dadurch wird das Schließen dieses Teiles mit Matratzenstich erleichtert und es kann dabei kein Granulat herausrieseln.

Beim Einnähen von Armen, Beinen, Ohren usw. empfiehlt es sich, diese mit einer Naht zu fixieren, damit sie beim

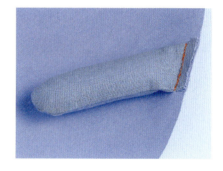

Zusammennähen des Vorder- und Rückenteiles nicht mehr verrutschen können. Dafür die betreffenden Teile gewendet und eventuell gestopft so auf die rechte Seite des angegebenen Körperteiles legen, dass die Nahtzugaben der beiden Teile übereinander liegen. Die Arme, Beine, Ohren usw. zeigen dabei nach innen. In der Mitte der Nahtzugabe die Teile auf den Untergrund steppen.

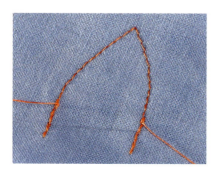

Tipps und Tricks

▶ Alle verwendeten Stoffe sind, wenn nicht anders angegeben, 140 cm breit.

▶ Wählen Sie den Nähfaden in passenden Farben. Manchmal ist auch eine Kontrastfarbe ein schöner Blickfang.

▶ Mit einem roten Buntstift können Sie die Wangen der Figuren und Tiere leicht einfärben.

▶ Die Ränder von kleinen Teilen, z.B. Nasen, nach dem Ausschneiden mit Fransenstopp einstreichen und gut trocknen lassen. Erst dann weiterverarbeiten.

▶ Vor dem Wenden von zusammengenähten Teilen werden die Ntzg auf ca. 5 mm eingekürzt. In Ecken oder Rundungen wird anschließend die gekürzte Ntzg noch zusätzlich bis knapp vor die Naht eingeschnitten. Dies verhindert, dass sich die Ecken und Rundungen nach dem Wenden verziehen, und es lässt sich alles schön in Form legen. Die eingekürzten Ntzg mit Zickzackstich versäubern.

▶ Am besten stecken Sie zwei Teile, die Sie zusammennähen wollen, vorher mit Stecknadeln zusammen, damit nichts mehr verrutschen kann. Je geschwungener die Kanten sind, desto enger sollten Sie die Nadeln stecken.

▶ Vor dem Absteppen von Nähten sollten sie die Ntzg umbügeln. Dadurch erreichen Sie eine gleichmäßige Umbruchkante, die Ihnen das Absteppen erleichtert.

▶ Bei Motiven, die aus zwei Teilen zusammengenäht sind (mit oder ohne Volumenvlies), wie z.B. die Vogelhäuser, sollten Sie nach dem Wenden die Nähte gut in Form bügeln.

▶ Die Mengenangaben für das Füllmaterial haben wir weitgehend offen gelassen. Je nachdem, ob die Figuren fest oder eher locker gestopft werden, kann der Materialbedarf variieren.

Stickstiche

VORSTICH

Von rechts nach links sticken. Am Beginn einer Konturlinie ausstechen, * auf der Kontur ca. 3 mm weitergehen und einstechen. Dann auf der Rückseite ca. 2-3 mm weitergehen und auf der Kontur wieder ausstechen. Den Vorgang ab * stets wiederholen, bis die gesamte Konturlinie überstickt ist.

PLATTSTICH

Plattstiche werden gerne zum Füllen von Flächen verwendet. Auf der Konturlinie oder knapp außerhalb ausstechen, den Faden über die zu füllende Fläche führen und auf der Konturlinie oder knapp außerhalb wieder einstechen. Die Stiche gleichmäßig dicht nebeneinander sticken.

SPANNSTICH

Einzelne Spannstiche durch eine Linie oder zwei Punkte markieren. Dann am 1. Punkt oder am Beginn der Linie ausstechen und am 2. Punkt oder am Ende der Linie wieder einstechen. Den Faden anziehen.

STIELSTICH

Von links nach rechts sticken. Am Beginn einer Konturlinie ausstechen, * auf der Kontur eine entsprechende Stichlänge (ca. 6-8 mm) weitergehen, knapp rechts neben der Konturlinie einstechen und auf der Rückseite die halbe Stichlänge der Vorderseite zurückgehend knapp links neben der Konturlinie wieder ausstechen. Den Vorgang ab * stets wiederholen, bis die gesamte Konturlinie überstickt ist.

MARGERITENSTICH

Die Margeritenstiche sind einzeln gestickte Kettenstiche, die sehr gerne für kleine Blümchen verwendet werden. Im Blütenmittelpunkt aus- und knapp neben der Ausstichstelle wieder einstechen. Eine entsprechende Stichlänge weitergehend ausstechen und den Faden wie bei den Kettenstichen zur Schlinge anziehen. Den Arbeitsfaden über die Schlinge führen, einstechen und den Faden anziehen.

KNÖTCHENSTICH

An der entsprechenden Stelle, an der das Knötchen liegen soll, ausstechen. Den Faden zwei- bis dreimal um die Nadel wickeln und knapp neben der Ausstich-

stelle wieder einstechen. Die Wicklungen um die Nadel gleichmäßig locker anziehen, sodass diese an der Einstichstelle auf dem Stoff liegen. Dann den Faden durch die Wicklungen ziehen und das Knötchen vorsichtig anziehen.

FESTONSTICH

Dieser Stich versäubert und verziert Stoffkanten. Ca. 5 mm von der Kante entfernt durch den Stoff stechen und die Nadel immer oberhalb der entstehenden Schlinge führen.

KREUZSTICH

Grundstich: Die Stickerei beginnt am linken, oberen Rand. Von der Rückseite nach vorn durch den Stoff stechen. 4 Fäden nach rechts und 4 Fäden nach oben zählen, einstechen. 4 Fäden senkrecht nach unten zählen, ausstechen.

Den Grundstich laut Zählvorlage so oft wiederholen, bis die Farbe wechselt.

Deckstich: Die Rückreihe beginnt mit den Deckstichen.
4 Fäden nach links und 4 Fäden nach oben zählen, einstechen. 4 Fäden senkrecht nach unten zählen, ausstechen.

Den Deckstich so oft wiederholen, bis die Grundstiche enden. So bildet sich eine waagerechte Reihe von gleichmäßigen Kreuzchen auf der Vorderseite. Die Rückseite zeigt gerade senkrechte Stiche.

Stoffübersicht

Für alle Modelle wurden Stoffe der Firma Westfalenstoffe AG verwendet, die nachstehend aufgeführt sind: www.westfalenstoffe.de

S. 8-10, Dicke Freunde	Webstoffe Uni Natur in Natur, Webstoffe Uni Gelb in Gelb, Pompadour Cortina in Braun, Amsterdam in Rosa-Natur geringelt
S. 11-13, Gegacker bei Tisch	Webstoffe Uni Natur in Natur, Webstoffe Uni Orange in Orange, Webstoffe Uni Gelb in Gelb, Pompadour Landhausstil in Natur-Gelb geringelt und in Natur-Gelb kariert (klein), Landhausstil in Natur-Gelb gestreift und Natur-Gelb kariert (groß)
S. 14-15, Kaktus	Amsterdam in Grün-Natur kariert und in Hellgrün
S. 16-17, Sonne	Landhausstil in Gelb-Weiß kariert
S. 18-19, Blumentasche	Webstoffe Landhausstil in Rosé-Weiß kariert und Rosa, Webstoffe Cardiff in Grün-Weiß gestreift, Druckstoffe Uni in Weiß
S. 20-22, Kannenschaf	Pompadour Cortina in Braun, Amsterdam in Grün-Natur kariert und Rosa-Natur geringelt
S. 23-25, Brotkorb/Hühner	Webstoffe Uni Natur in Natur, Mini-Flowers in Natur mit Blümchen, Utrecht in Natur-Türkis geringelt, Türkis geringelt und Natur-Türkis kariert, Pompadour Landhausstil in Gelb-Natur geringelt, Schrägband in Rosa
S. 26-27, Osteranhänger	Webstoffe Uni Natur in Natur, Amsterdam in Rosa-Natur kariert und Rosa-Natur geringelt
S. 30-33, Herzenssachen	Webstoffe Uni Natur in Natur, Mini-Flowers in Natur mit Blümchen, Amsterdam in Natur-Rosa geringelt und Natur-Rosa kariert, Landhausstil in Rosa
S. 33-35, Sommerpüppchen	Pompadour Cortina in Braun, Webstoffe Uni Natur in Natur, Landhausstil in Rosa
S. 36-37, Muffins	Nicki in Weiß, Natur und Rosa
S. 38-39, Rosige Zeiten	Webstoffe Uni Natur in Natur, Schrägband Rosa-Natur kariert
S. 40-41, Rosengirlande	Webstoffe Uni Natur in Natur, Amsterdam in Grün, Grün-Natur kariert und Rosa-Natur geringelt
S. 42-44, Hübsche Regal-Borte	Webstoffe Amsterdam in Grün-Weiß kariert, Webstoffe Uni in Natur, Druckstoffe Mini-Flowers in Weiß-Bunt, Webstoffe Landhausstil in Rosa
S. 45-47, Herziger Tischläufer	Webstoffe Burgund in Bunt gestreift, Webstoffe Landhausstil in Rot-Beige, Druckstoffe Prinzessin in Weiß-Rot getupft, Webstoffe Amsterdam in Rosé-Weiß kariert

S. 48-49, Vogelhäuschen	Landhausstil in Blau-Weiß kariert, Blau-Weiß gestreift und Weiß-Blau gestreift, Webstoffe Uni Gelb in Hellgelb
S. 52-53, Kürbisse	Amsterdam in Grün, Webstoffe Uni Orange in Orange, Amsterdam in Orange-Natur geringelt, Orange-Natur kariert und Orange geblümt
S. 54, Blättergirlande	Amsterdam in Grün, Grün-Natur gestreift und Grün-Natur kariert, Webstoffe Uni Natur in Natur
S. 55-57, Zwerg/Pilze	Webstoffe Uni Beige in Hautfarbe, Webstoffe Uni Natur in Natur, Landhausstil Rot-Beige in Rot, Webstoffe Uni Grün in Grün, Amsterdam in Rosa-Natur geringelt, Oslo Natur-Beige in Braun-Natur geringelt
S. 58-61, Schnurrekatze	Webstoffe Uni Hellblau in Hellblau, Webstoffe in Hellblau-Natur kariert und Hellblau-Natur geringelt
S. 62-63, Schön und Praktisch	Druckstoffe Barcelona Blumen in Weiß-Bleu und Barcelona Kreisel in Bleu-Weiß
S. 64-67, Kuscheldecke	Druckstoffe Prinzessin in Weiß-Rot getupft und Rosen in Weiß-Bunt, Webstoffe Landhausstil in Rosa, Webstoffe Burgund in Bunt gestreift, Webstoffe Amsterdam in Weiß-Grün kariert, Grün und Weiß-Rosé gestreift, Druckstoffe Prinzessin kbA in Rosé-Weiß kariert, Druckstoffe Rosenborg Tupfen in Braun-Bunt, Teddyplüsch kbA in Natur
S. 68-69, Herbstpüppchen	Webstoffe Uni Beige in Hautfarbe, Oslo in Natur-Rot gestreift, Webstoffe Uni Natur in Natur, Black and White in Anthrazit
S. 70-79, Bequeme Hausschuhe	Druckstoffe Uni in Weiß, Druckstoffe Barcelona Blumen in Weiß-Rosé und Weiß-Rot
S. 74-75, Kissen	Webstoffe in Uni Natur, Webstoffe in Hellblau-Natur kariert, Webstoffe in Hellblau-Natur gestreift, Webstoffe in Orange-Natur kariert, Druckstoffe Prinzessin in Blau-Weiß, Fleece in Natur
S. 76-79, Zwei Engel	Amsterdam in Rosa-Natur geringelt und Rosa-Natur kariert, Webstoffe Uni Natur in Natur, Webstoffe Uni Beige in Hautfarbe
S. 80-82, Tischset Schneemann	Cotton Classics „Black and White" in Schwarz meliert, Webstoffe Uni Natur, Webstoffe in Hellblau-Natur kariert, Webstoffe Landhausstil in Orange, Pompadour Landhausstil Rot-Beige, Fleece in Natur
S. 83-85, Winterschaf Herr Bock	Baumwollplüsch langhaarig in Natur, Druckstoffe Bozen in Rot-Beige, Webstoffe Uni in Natur, Fleece in Natur, Cotton Classics „Black and White" in Schwarz meliert und Schwarz-Weiß gestreift

| 141

S. 86-87, Siggi, die Schlafmütze	Webstoffe Cambridge in Blau-Weiß gestreift, Webstoffe Uni in Natur und Beige, Druckstoffe Junge Linie unregelmäßige Punkte in Rot-Weiß
S. 88-89, Schneemann	Oslo in Natur-Rot gestreift und in Natur-Rot geringelt
S. 90-91, Winterliche Deko	Fleece in Natur, Webstoffe Cardiff in Grün-Weiß gestreift und Uni in Grün
S. 94-95, Adventskranz	Pompadour Landhausstil Weiß-Grün kariert und Grün-Weiß gestreift
S. 96-98, Lustige Wichtelköpfe	Webstoffe Uni in Beige, Webstoffe Cardiff in Weiß-Grün gestreift, Webstoffe Oslo in Weiß-Rot gestreift, Pompadour Landhausstil in Rot-Weiß gestreift, Fleece in Natur
S. 99-101, Noël	Webstoffe Amsterdam in Weiß-Grün gestreift und Grün-Weiß kariert, Webstoffe Uni in Natur
S. 102-103, Weihnachtsanhänger	Webstoffe Uni Gelb in Gelb, Pompadour Landhausstil in Gelb-Natur kariert, Pompadour Uni in Braun, Webstoffe Uni Grün in Grün
S. 104-106, Stiefel mit Engel	Oslo in Natur (Körper), Natur-Rot-Beige gestreift, Natur-Rot geringelt und in Beige, Webstoffe Uni Natur in Natur, Webstoffe Uni Beige in Hautfarbe, Landhausstil Rot-Beige in Rot
S. 107-109, Adventskalender	Webstoffe Uni in Natur und Hellblau, Webstoffe in Hellblau-Natur kariert und gestreift, Druckstoffe Bozen in Rot-Beige
S. 110-112, Weihnachtselch	Leinen Uni in Beige, Pompadour Landhausstil in Weiß-Rot und in Rot-Weiß kariert, Webstoffe Oxford in Weiß-Rose gestreift
S. 113-115, Bärtige Gesellen	Webstoffe Uni Beige in Hautfarbe, Pompadour Landhausstil in Rot-Natur geringelt, Pompadour Uni in Dunkelbraun, Webstoffe Uni Natur in Natur, Oslo in Natur-Rot gestreift und Natur-Rot geringelt, Black and White in Anthrazit
S. 116-117, Windlicht	Webstoffe Uni in Natur, Webstoffe Landhausstil in Rot, Webstoffe Cardiff in Grün-Weiß kariert
S. 118-119, Pfefferkuchenmann	Leinen Uni in Braun meliert, Druckstoffe Rosenborg Tupfen in Braun-Bunt, Webstoffe Cambridge in Beige

Buchempfehlungen

ISBN 978-3-7724-5044-0

ISBN 978-3-7724-6069-2

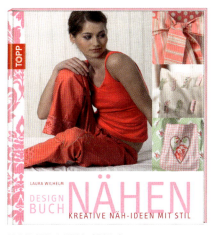

ISBN 978-3-7724-6591-8

ISBN 978-3-7724-5567-4

ISBN 978-3-7724-6716-5

ISBN 978-3-7724-5564-3

| 143

Heike Roland und Stefanie Thomas

Angefangen hat alles 1996. Damals lernten sich Heike Roland und Stefanie Thomas durch ihr gemeinsames Hobby, das Bärenmachen, auf einer Künstler-Teddybären-Messe kennen. Fortan reisten sie zusammen mit Ihren Familien und den lustigen Petzen zu Verkaufsveranstaltungen in Deutschland, Österreich, England und den USA. Irgendwann war das „Bärenfieber" abgeklungen, aber dafür sprudelten zahllose neue kreative Ideen. Seither wird viel gesägt, gebohrt, gemalt, geschnipselt, geklebt, gefilzt und genäht. Mitte 2004 erschien ihr erstes Buch im frechverlag.

Impressum

FOTOS: frechverlag GmbH, 70499 Stuttgart; lichtpunkt, Michael Ruder, Stuttgart (S. 1, 2, 3/Herz, 19, 29, 32/einzelne Herzen, 42, 44-47, 50, 54, 62-67, 70, 87, 140, 142); Fotostudio Ullrich & Co., Renningen (restliche Fotos)
PRODUKTMANAGEMENT UND LEKTORAT: Julia Strohbach
GESTALTUNG: Petra Theilfarth
DRUCK UND BINDUNG: Mohn media, Mohndruck GmbH, Gütersloh
PRINTED IN GERMANY

Materialangaben und Arbeitshinweise in diesem Buch wurden von den Autorinnen und den Mitarbeitern des Verlags sorgfältig geprüft. Eine Garantie wird jedoch nicht übernommen. Autorinnen und Verlag können für eventuell auftretende Fehler oder Schäden nicht haftbar gemacht werden. Das Werk und die darin gezeigten Modelle sind urheberrechtlich geschützt. Die Vervielfältigung und Verbreitung ist, außer für private, nicht kommerzielle Zwecke, untersagt und wird zivil- und strafrechtlich verfolgt. Dies gilt insbesondere für eine Verbreitung des Werkes durch Fotokopien, Film, Funk und Fernsehen.

Auflage: 5. 4. 3. 2. 1.
Jahr: 2014 2013 2012 2011 2010 [Letzte Zahlen maßgebend]

© 2010 frechverlag GmbH, 70499 Stuttgart

ISBN 978-3-7724-6715-8 • Best.-Nr. 6715

Kreativ-Hotline

Hilfestellung zu allen Fragen, die Materialien und Bücher zu kreativen Hobbys betreffen: **Frau Erika Noll** berät Sie. Rufen Sie an oder schreiben Sie eine E-Mail!
Telefon: 0 50 52 / 91 18 58*

*normale Telefongebühren
E-Mail: mail@kreativ-service.info

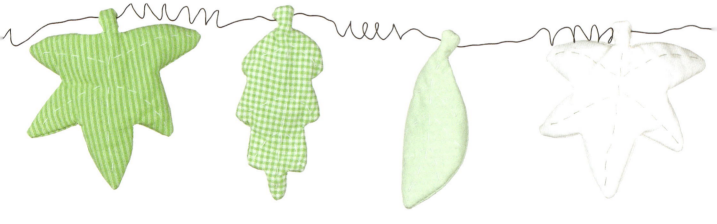